教育文集

探索教育经典问题

一位教师的来信

芳泽 著

北方文艺出版社

·哈尔滨·

图书在版编目（CIP）数据

一位教师的来信 / 芳泽著 . —— 哈尔滨：北方文艺
出版社，2023.6
ISBN 978-7-5317-5903-4

Ⅰ.①一… Ⅱ.①芳… Ⅲ.①教育－文集 Ⅳ.
①G4–53

中国国家版本馆 CIP 数据核字（2023）第 087810 号

一位教师的来信
YIWEI JIAOSHI DE LAIXIN

作　　者 / 芳　泽
责任编辑 / 富翔强　　　　　　　　封面设计 / 刘　美

出版发行 / 北方文艺出版社　　　　邮　　编 / 150008
发行电话 / (0451) 86825533　　　经　　销 / 新华书店
地　　址 / 哈尔滨市南岗区宣庆小区 1 号楼　网　　址 / www.bfwy.com

印　　刷 / 河北浩润印刷有限公司　开　　本 / 787×1092　1/32
字　　数 / 140 千字　　　　　　　印　　张 / 6.75
版　　次 / 2023 年 6 月第 1 版　　印　　次 / 2023 年 6 月第 1 次印刷

书　　号 / ISBN 978-7-5317-5903-4　定　　价 / 58.00 元

前 言

一

本人是个平凡的人，是小人物，没有什么神功，不会穿越，也没有感知别人过去、未来的能力，包括我们的孩子。不过，人的成长历程却有迹可循，是可以加以研究的。

对于孩子，想办法引导他、塑造他，让他顺顺利利、轻轻松松地成才是我的愿望，也是大多数师长的期望。为实现这个目标，仅有甘为人梯的品质是不够的，还要对这个问题加以研究与落实，设计出一条切实可行的路来。

二

在相同环境下，花费相同的时间，为什么有些孩子的成绩出类拔萃，而有些孩子却相差甚远。这让许多人想不明白，是因为勤奋、天赋或高人指点？

诚然，任何成绩的取得都是努力的结果，但不成功者就不努力了吗？在运动会上，几个人或很多人进行比赛，哪一个不是气喘吁吁，竭尽全力？可冠军只有一个！其他人就不努力？如果问题就这么简单，那还有什么可研究的呢？

作为一个过来人，我就不服，因而下了很大功夫研究成为冠军的秘密，研究取得好成绩的秘密，研究用更少的成本取得更好学习成绩的秘密，这就是教育科学。

我想，如果人生可以从头再来，我绝不会是现在这个样子，但我办不到。好在我们的经验教训可以传给孩子，甚至能发扬光大。我们研究这个技术并加以推广的目的，如同设计生产线那样，是为了塑造更多品学兼优的孩子。

三

很多人时常抱怨，幸运好像总是砸在别人的头上，幸福却长在了我们的屁股上，每个人看到的只是他人的幸福，对自己的确一无所知，只会彼此羡慕。

我们的孩子可能不是天才，因为学习过于匆忙，活不明白，学不明白，也想不明白——每天塞给他许多的知识，能否消化都不一定。他们也许有一个理想，也许有许多的奋斗目标，但如何实现，也是不大明白。

孩子自从走进学校就开始学校生活，但一般来不及做些反思，也不可能深入思考；想做些展望，却有许多的未知——因为没有经历，不能确定的东西还有太多。

有人说我们要感谢命运，它给了我们困难去克服，使我们变得强壮。我们为什么要变得强壮，是为了克服更多困难吗？我们不必对命运让我们变得强壮而心存感激，即便没有困难，软弱也不是我们所期望的吧？

四

也许我们的孩子已经很优秀了，可竞争激烈啊！谁都想好好学习，上个好大学，找个好工作，可路在何方？我们拜访这个教师，又拜访那个教授，买学区房还不够，甚至还要陪读。

出国求学的有之，天天逼着学生做作业的有之，为了照顾孩子请客送礼的也有，有求于人啊！想出人头地，就必须更加努力，不放过每一次出彩的机会。需要层层选择，经过多次的过关斩将才可能更上一层楼！

怎么努力？想培养孩子，让孩子出类拔萃，又想少用功，不是没有好办法，这就要用到一个技术，系教育技术，研究这个学科的科学叫教育科学。虽然许多人意识不到它，甚至不当回事。看不见它不是孩子的错，是长辈的无知吧！即便如此，它却持续地发挥作用，甚至是决定性的。这是一个范围很大、很概括的说法，压缩一下，更为实际一点，即人的培养，成绩的提高，学习能力的培养问题。这个技术研究得好，应用得好就可以少走弯路，用更少的时间取得更好的成绩，用更少的代价取得尽可能多的成果，而成绩就是希望啊！

为解决这个问题，我们就有必要对孩子的生活及行为加以思考，做到有所选择，合理布局，在平凡中酝酿不平凡。

没有多少新奇，却创造奇迹！

没有高人，却胜似高人！

捋捋我们的生活、劳动与游戏吧，看看对孩子的成长有什么用。这样，我们的论述就在老生常谈的同时，又超越问题本身，变得理性，更胜一筹。

学什么，做什么，会什么是一回事，如何施为，如何教会孩子是另一回事，如何在诸多学习活动中进行布局，掌握好梯次才是更高层次的做法。

五

家庭教育是关乎孩子未来命运的大事。

学校教育是关乎民族未来命运的大事。

研究教育科学，研究孩子的成长规律，即育人科学，这相对于本人所探讨的问题来说，这个课题确实太大了，不过，这并不妨碍本人的论述，因为这是个老话题了，已经有许多人进行了研究，本人也没有必要重复别人探讨的问题，只是针对典型问题进行探讨，针对本源问题进行论述，即所谓的理论创新。我相信读者也肯定在思考这个话题，如果本书所述能给读者以启发，给孩子以指引，功夫没有白费，本人就深感荣幸了。

目 录

C O N T E N T S

第一章　一位教师的来信

常牵挂孩子冷暖的
　　　　是慈母的心
常牵挂孩子未来的
　　　　是教师的心
人世间的真情莫过于此

这是无须言明的，我的话题也由此开始。

给家长的一封信

家长：

　　我是带着问题写信的，是为孩子的未来着想才与你沟通的。

　　请不要心存芥蒂，对孩子的未来忧虑多，才能不断要求孩子努力；能看到孩子成长中存在的问题，才可一样一样地改进。这不是给你或孩子的打击，让孩子进步、健康发展是从发现问题开始。但如果这也不行，那也不能数落，可能会打击孩子自信的，为避免这种情况，本人将对相关问题进行探讨，寻找原因及对策。俗话说，十年树木，百年树人。孩子的进步是靠一点点的努力实现的，他在成长中出现偏差也是正常现象，纠正就行了。

　　教育孩子，让孩子健康成长是我们共同的目标，我们也是因为这个才走到一起的。人的成才需要一个漫长的过程，在孩子成长的规划上，怎样努力才更为科学，少走弯路，早日成才，多出成果是很多人在研究，也是我们需要考虑的课题，这是这封信的第一理由。

　　在家庭中成长与在学校中成长，只是形式有别，内容有所不同，但这二者不是截然分开，而是一体的，这是第二理由。

　　孩子离开家庭，一天天长大，并不能说孩子成人了就具有成年人那样的思想、处事经验及人生阅历。在许多情况下，这可能需要更长时间才能真正掌握，因而教育教学仍在继续。

这封的目的就是实现家庭与学校的配合，融为一体。一般说来，在健康的教育方式下，学校并不需要家长去指导孩子的作业，甚至不需要监督；学校也并不需要过多地干涉孩子的业余生活，这在指导孩子方面可以体现出来。

问题之一，孩子离开家庭，进入学校，也并不是说家庭的指导对孩子就不再有影响力，恰恰相反，家庭始终对孩子的成长负着首要责任。

问题之二，参天大树是从小树苗成长起来的，但成长为我们所期望的人才却有许多复杂因素。如何合理安排各成长要素，是一个复杂的过程，现在我们来探索这个过程。

作为一个过来人，如果仔细反思一下，我们大都没有先知先觉，没有感知未来的能力。在我们的成长历程中，有许多的过失和遗憾，如何在孩子身上加以避免，你可能没有充分考虑，或没考虑周全。如何不让孩子重犯我们的错误，现在我们也要考虑。

父母关心孩子的学习成绩，担忧孩子的前途，与我们平时的努力并不矛盾，这也是需要进一步阐明的问题。即便你或孩子尽力了，如未能取得那么理想的成绩，也不要一味责怪孩子，因为还有许多其他的因素。或者说，展现在眼前的具有可操作性的努力容易看到，而背后的许多事情，如方法、艺术却需要一番考究。这仅靠努力还不够，还要有一个科学的方法，一个始终遵循的教育体系，这就是我想与你接下来探讨的主要问题。

对孩子的期望

上天给我们一个娃，是为了让他好好学习、天天向上，有一个美好的未来。

戳到问题的本质，人的成才是一个复杂的过程，即便孩子努力了，听话、勤奋，奋斗过，却未必能取得优异的成绩。"奖学金"——多么现实的诱惑，但仍然没有告诉他怎么做才能实现，有什么切实可行的步骤？提要求不难，一步步实现就不那么容易了。如同"你应该怎样"，这只是一个期待，如果孩子花费许多时间还未取得优异成绩的话，那就意味着方法不科学，或在基础上存在遗漏的地方。试想，只要努力就能取得好成绩，那还要那些教育家干吗？还研究教育干吗？有些家长煞费苦心地找专家、优秀教师及好学校，不就是期望他们的孩子能技高一筹吗？

我们一方面希望孩子幸福快乐，无忧无虑地生活，另一方面，孩子面临成长需求、学习任务与竞争压力。所以就必须通过一些活动来锻炼他，通过努力学习来提升他，而这需要付出，甚至艰辛地付出，需要孩子放弃游戏、休息的时间进行一些活动。如何做是教育科学的使命，也是我们所重点探讨的问题。

在我们求学的时候,可能不懂,也没有时间考虑这些问题,现在是孩子们给了我们回炉重造的机会,让我们看到了自己原来不曾被激发的潜能。如何做更科学就值得深思。或者说现在迫切需要一个科学的理念,以便引导孩子走向成功,走得更远。如果缺少这个,我们的努力又不够合理、科学,即便付出了许多,我们取得的成绩也会非常有限。

归结起来,指导孩子成长,这三个方面对其未来更为重要:学会生活、学会学习、学会做人。但这更多是从目标上提出的期望,还远远不够,更重要的是给孩子以正确引导,并提供锻炼的机会。能力是在实践锻炼中培养起来的,因为"知道""获得技术"与不断训练间存在较大的差别。

"德智体美劳全面发展"只是一个美好的目标要求与愿望,还缺少许多可操作性的细节,所以我们要进行一番探索,即便我们的分析还不够全面,但更为实用,已向细节与可操作性上进一步完善——这种高度的概括并无不妥,现在需要的是把这些目标贯彻于学习和生活中去,灌输到孩子身上。培养自我完善的孩子,培养会学习的孩子,培养会做人的孩子,然后才能高效、高质量掌握所学的知识,才有成绩的快速提升,才有天高任鸟飞的底气。

就所传授的知识而言,中小学教师所授可能相对简单一些,但就所涉及的教育理论而言,却更为深入——启蒙老师需要更深的教育学知识,需要更为精准的教育技术,而我们往往忽略这些,认为越高级的才越复杂,恰恰相反,如同计算机语言,越初级的越复杂,越难掌握,这也是教育理论的难点。

教育理论本身是高尚复杂的,但由于始终贯穿在孩子成长的过程中，所以就显得空空洞洞、冷冷清清，没有地位。这是一个天大的误解，其实这是贯穿孩子成长始终的，始终在引导孩子，成为孩子健康成长的法宝。这也是我们所真正需要的东西。如果谁把一个人的天赋看得神秘兮兮，对教育大家或神童崇拜有加，说明他还未成熟起来，对教育理论还知之甚少。

"老师，你给我讲讲这个题吧"——不知你想过没有：在解决这个问题的同时，让他获得一个好的法则，解题的经验与技术才是重要的。或者说除题本身外，还有一个题外的共性，基本的法则与好的习惯——学习成绩差的孩子、学习困难的学生，往往不是用功不足，更多是缺乏相关过程的完善，学习本身的方法上存在欠缺。教师会考虑这些吗？这是否是优秀教师的准绳？比如有些学生仅仅把作业看成是一种差事，从不检查，让老师找出问题，对存在的问题听之任之——这怎么能掌握好知识？在学习的同时，如果还获得学力的成长，成长的历程将变得更为明确清晰。如果这样，即便孩子离开我们，他自我完善与良好的学习习惯也会伴他飞得更高，走得更远。

本书就是沿着这样的思路进行探讨，相对于迫切需要成长指南的家长来说，即便相对于这个专题而言尚显稀少，即便还不那么完善，但已能给出一个指导性方案了。

爱的艺术

有人说，爱孩子是老母鸡也会干的事，又有人说，惯子如杀子。看来，对孩子的爱绝不是满足他的要求那样简单。

我们去登山，可能累得气喘吁吁，汗流浃背，甚至腰酸背痛，但没人觉得苦，反而更多沉浸在登顶的成功中，沉浸在开阔视野及征服自然的喜悦中。

把房间收拾得井井有条，窗明几净，虽然累了点，但获得一种劳动的快乐与成就感，你能说这是一种损失？

当家里人做了一桌可口的饭菜，吃起来津津有味的时候，必有口舌之福的快感！谁能说这种付出不值得？

因而有些人认为，孩子不爱活动，不会劳动、自理，完全由于惰性，由于缺乏学习、锻炼的机会所致，而这源于我们世界观的引导，源于过多的消遣性活动，如看电视、玩手机、使用电脑等活动，过多的无拘束、无目的的活动。

缺乏劳动锻炼的孩子，家长往往既没有教他技术，也没有练的过程，更无习惯养成，也就不可能体验劳动的成就感、快乐感。对他们而言，即便简单的自理也没有做好，就很少体验劳动的快乐，很少收获表扬，也就少有生活的乐趣。

孩子为什么如此不爱活动、活动量又如此之小呢？首先源于我们的观念。娇生惯养、消极怠惰等完全取决于我们对活动的认知及态度。"什么也不用做，只需把学习搞好就行"——这完全是源于错误的认知及对教育认知的欠缺，由此引发出对孩子的影响。人有各种各样的处世态度、人生观，我们没有必要加以干涉，更不必寻求大同，孩子迟早要离开我们，走向独立；迟早要单独地面对社会，这就需要适应能力；这就需要加以引导与训练，使其健康成长。这是一种深远的考虑，也是爱，是负责的态度与用心良苦的爱。

孩子的幸福或不幸、得与失，有时完全取决于我们的观念，而非事情本身。既然这样，那就首先转变教育观念，诸如：生怕孩子不高兴或受委屈，只是一味地哄他、讨好他，甚至迁就他，做他的奴才。孩子确实无忧无虑了，认为这样，孩子就幸福？而这个根子仍源于我们的家长，有些家长可能忙于事业，没有时间做家务，在照顾孩子方面缺乏时间、精力，于是把孩子交给保姆，而这却不是保姆所能胜任的工作。看来，家长的爱存在误区：

原因之一，十年树木，百年树人。意思是人的成长历程非常漫长，这在如何指导孩子健康成长方面就出现许多的分歧。问题由此而生，话题也从这里开始。

原因之二，我们也希望孩子快乐度过每一天，无忧无虑，但学习与锻炼并非痛苦的，这是另一个原因。

也许我们的孩子每天都在努力，如何把近期目标与长远目标结合在一起，或如何在完成近期目标的同时兼顾长远目标也是一个需要思考的问题，孩子以后的差别也由此开始。

有些家长认为，我们主要依靠学校与老师啊！这也没错，但这并不能替代家庭所应担负的职责：性格、社交、世界观、价值观、学习生活、业余爱好与锻炼等的培养，在这些方面都有家庭的影子，家庭的作用更为重要！

即便进入学校，也存在家庭与学校的配合问题，因为孩子的假期、在家的活动并不是学校所能掌控的。家长期望解决这些教育问题，期望找到问题的答案，如何提高孩子的成绩，如何少受挫折，少走弯路？但家长因对孩子本能的爱与期望的缘故，时常在指导孩子方面迷失方向，因为人都有惰性，都希望生活轻松一点，快乐一点。这样，许多有重要意义，但需要艰苦付出的活动就被取消了——为讨好孩子，他的祖父、祖母甚至父母用礼物、精美的食物讨好他，让他高兴，过得舒服，还振振有词地说，"哄孩子"。

人都有追求快乐的需要，而孩子还往往缺乏足够的自控力，对未来没有明确的努力方向，而看电视、玩游戏等活动轻松快乐，就容易把他引向无所事事，常常把时间白白浪费掉。

家长望子成龙，不希望让孩子重蹈我们所遭遇的挫折，能够顺利地升学就业，并期望他过上有尊严又衣食无忧的生活，即便这样的目标也需要不断努力！

娇生惯养缘于家长的世界观问题：认为付出，如体力劳动是一种负担，一种体力的损失，所以就越俎代庖，不让他劳动，认为是对孩子的爱，宝贝不能累着！有时是出于天性与本能去讨好孩子，让他不想约束自己，不想从事有目的的活动，自由散漫——这恐怕是保姆最擅长的工作了。

在孩子幼年的时候，饭要一口一口地喂。孩子在成长期的时候，因为需要更多的蛋白质，所以要多摄入一些肉类，多吃点也属正常，但现在年龄大了，过度的爱与监护极可能会养成自私与高人一等的感觉，自我中心意识就这样产生了。

一说女人相夫教子，但有个前提，你的教子至少要有理智，懂规矩，教他会生存、会自理，而不仅是让他衣食无忧，或犯错时无原则地袒护，仅仅让孩子过得舒服是不够的。

还有一种观点，认为孩子"树大自直"或年龄大了自然懂事了。确实存在这个现象，也存在大器晚成的情况，但这往往在回避教育的责任——在有时间又精力旺盛时，为什么不及时实施引导，让孩子赢在起跑线上？

孩子终归要离开我们，对家长过多依赖必然会妨碍其独立性的培养。这样的孩子，当家长乐此不疲地去做孩子本应完成的工作，就背离了教育的目标。让孩子独立也是一种爱，只是爱的表达方式不同。

说得自私一点，我们都希望孩子孝顺，养儿防老嘛！这就要做些考虑：人都有惰性，如果他自己的衣服都不想洗，怎么可能为你洗衣服？他自己吃的饭都不想做，又怎么可能为你做饭？这样的孩子不勤奋，又怎能把既抽象又艰苦的学习搞好？他最基本的生活所需都解决不好或懒得去做，又怎么去完成伤神的作业？即便在你或教师的压力下完成了，那也只是应付，是不能保证质量的。

成年人想把最好的人生经验传给孩子，但往往把对孩子的爱变为付出、照顾，而忘记了作为教育者的责任，分不清养育与教育的区别。不管我们多么爱孩子，都要教会、训练他走自己的路。越来越多的经验表明：人生的路要靠自己走，我们只需教他走路的能力就行了。孩子对我们有依赖是正常现象，但在不该依赖或逐步走向独立的时候，我们仍把他看成未长大的孩子，这是极为不妥的。

榜样

　　人的成长如同树苗需要阳光雨露，他所需要的知识与技能是一天天积累起来的，怎样做，将来成为什么样子取决于每一天的努力情况，而这又是在许多的活动中锻炼的，因而有人说生活即学习，这就需要以更开阔的视野，更长远的眼光来分析他、引导他。

　　一群羊里面总有一头领头羊；一群大雁里面也有一只领头雁；一群孩子里面有一个领头的，即孩子王。

　　在孩子还小，没有明确活动目标时，一个领头人是多么重要！在上下楼梯的时候，扶着护栏就有了安全感；如果想画一条直线，只需有把尺子就可以轻松完成，当然有把尺子还可以量出我们一天走过的距离。在人的成长历程中，如果有一个可模仿的对象，就可以轻易模仿他的行为、轨迹、生活方式。如果这样，岂不也变得与他一样智慧、勤奋、品德高尚甚至获得成功？或变得像一个坏孩子那样平庸、懒惰、无所事事。

　　也许我们的足迹不同，行为差异很大，只能大概模仿，也会发现有许多拿捏不准的细节，如每天的活动量多大为宜？怎么努力，努力到什么程度合适？晚上几点睡觉等。尽管有许多硬性规定，但还有许多的未知，比如儿童每天活动量多少为宜？到幼儿园去的时候，经常发现许多少儿连续玩三四个小时也没有喊苦喊累，你能说活动过量了？

另一个问题是孩子努力方向的可参考性。英国教育学家洛克说过：榜样，示范的教育作用是最简明，最容易且最有效的。我们即是孩子的榜样，如同我们很小的时候父母是我们的榜样一样。因而我们时时在影响他，影响他的思想及行为。

一个孩子有许多的诉求：玩得快乐的精神诉求；学习的诉求，如学骑自行车、学习陶艺制作；乃至发展到追求某些目标的需要，如人生目标。玩的时候，看到有的孩子玩泥巴或陶艺，制作各样的模型，我们也感到好玩，这时如果有个老师就好了——这就是榜样。在孩童漫长的成长历程中，涉及如下问题：

▲陪伴机制——有人陪伴他共同去做他喜欢的事情，因为他需要方向感、安全感、依靠感。

▲模仿机制——模仿别人做事（如游戏、制作），以期快乐、充实或实现某些目标。

▲活动机制——上面两条所决定的体育锻炼，如游泳、滑（旱）冰等活动。

▲需求机制——如劳动、游戏等充实精神的活动。

这是他成长的动力源泉。在生活、游戏与实现相关目标的过程中，这需要一个或多个影响他的人，需要他在生活中有一个玩伴，有游戏或生活的旅伴。这就需要一个老师。最为恰当，作用最大，也最能提供帮助的，也只有父母或长辈了。其实，这对于我们成人都是一样的——你的同事飞黄腾达了，我们也会心动，会反思有什么方面值得学习与借鉴。兄弟发展得怎么样了？有什么值得学习的地方？时间久了都希望沟通一下。我们期望的仍然是学习的内容，值得借鉴的榜样。对于成年人，他的独立性强了，思维更严谨，能自己解决这些问题，但想让孩子茁壮成长，则需要更多的外界力量——陪伴、指导、监督与相关的活动。

有人问，孩子怎么能听我们的？这也不用担心，因为人有自我表现的欲望，有充实生活的需要，有精神生活的欲望，还有被认可的需要，有交流的需要等。这样就不怕没事可干、不愿做事。有人说，未必吧？孩子整天玩游戏、看电视，这需要人教？需要榜样？但也没闲着吧？这些活动有消极意义，但因是另一个话题，不再探讨，现在所探讨的是积极因素，如他需要一个模仿的对象，以便进行充实的游戏、学习甚至劳动；需要一个玩伴或更多同伴，以便于完成制作、远足、交流等活动；需要一个交流的对象，能与他沟通与解惑；需要一个竞争的对象，看齐的对象；也需要观众，能欣赏他、鼓励他，直接促进或矫正他的行为，如弹琴、制作及其他的艺术表现等。

这对成人也是如此，在许多方面，如如何作息，几点起床、几点睡觉等，有时需要一个参考标准，如果有一个堪称楷模的年长者或同龄人给他一个榜样，那就极易实现，并因此向好的方面发展。

由此看来，除了老师，他还需要一个堪称标杆的榜样，而父母则是第一榜样：好的生活习惯、劳动习惯、思维方式及世界观的形成，与家长的影响不可分割。

榜样无处不在。如果成长的玩伴是积极有益向上的，我们说，找到了一个好榜样。这个榜样是如此平凡，对他而言，只要在某一方面能强一点点就够了，当然遇到一个水平高深的人就更好了。

人在生活中也会遇到坏的榜样，我们必须时刻警惕不良因素的影响，不能让他接触不良行为或思想。如父亲喜欢吸烟，他的孩子也容易学到；如果他的同学喜欢撒谎，那么他也极易沾染这种毛病。再如打架逞英雄的人、夸夸其谈的人、耍横的人、两面三刀的人、爱占别人便宜的人等，如遇到这种情况，孩子没有辨别能力，他又没有值得学习的地方，还是少接触为好吧。生活中更多是遇到平庸的榜样：追求安逸的人、享乐的人、攀比的人、追求物质享受的人等，也少在孩子面前显摆吧。

榜样具有现实性、学习性与感染性。如陪伴者、玩伴、活动者及学习的榜样，这比遥远且伟大的英雄更有助于孩子的成长。有时候我们需要以身作则，带头示范。有时我们可能要求孩子做，我们只做监督与指导，孩子就有意见。如果与孩子一起做，孩子就没意见了。

独生子女缺乏交流的环境，极不利于语言的学习，不利于智力发展。即便不是独生子女，也需要陪伴他学习、生活，进行一些共同活动或努力，而一个好的榜样或带头人则更为重要。

启蒙及语言训练是在与别人的交流中进行的，孩子更需要家长的陪伴与交流，家长作为榜样而不是做讨好孩子的奴才与他交流、沟通，更能促其进步。以下行为对孩子的发展是有益的：

▲尊重知识与人才，包括真正的有一技之长的人。不要指望人家教会什么，即便建立良好的关系，也将获得更多交流与学习的机会，至少会成为孩子成长的润滑剂。

▲加入专训团队，如加入滑冰队、游泳队等，在这样的环境下即获得感染与模仿对象。这是一个很概括的说法，榜样即模仿对象与领头人，或外在的老师。

▲好的人际环境。孩子要学习的东西很多，而一个好的人际环境对其成长至关重要，如年轻人为开阔视野，经常得爬山与远足，这不需要老师，只需有人陪伴，有向导就可以了。

成为榜样一般指积极的要素，或这个人的优点。至于平常的要素，如生活中的榜样更适合孩子，但有时遇到有副作用的榜样，如不与坏孩子一块儿玩、不与那些品行不端者来往，以免影响到孩子——家长的这种谨慎做法也是合理的。

我们经常遇到或听说社会与历史中的榜样，如战争年代的英雄，他们离我们太过遥远，没法去模仿。还有特定历史条件下的英雄，虽然他们的故事可能感人泪下，但无可重复性。孩子真正需要的是能提供有益活动的榜样，向导式榜样，如玩伴或旅伴。

老师天天讲学榜样、树标兵，这无疑是正确的，但更为有益的是生活中的榜样，先进人物、有特长的人，这都值得孩子去学习。

有人说榜样的力量是无穷的，这里面有许多的正能量，也值得我们研究一番了。最为现实的是不知道怎样做才能实现孩子的理想、成长的目标，如果有一个现成例子做参考，进行模仿就好了，因而：

榜样即老师——启发孩子去模仿式学习。

榜样即动力——看齐的动力。

榜样即成长模式——可供模仿的奋斗模式。

榜样即环境的影响因素，指正能量的标准。

孩子的努力有时没有目标，甚至没有方向，或没有比较就不知道差距。当对一个人的素质、能力的产生因素还不太了解的时候，如有一个榜样，然后去模仿，最后也变成榜样或心中的英雄，这就是进步，是健康成长的要素。在这个问题上我们也时常迷茫，看得见的可以模仿，而看不见的知识、品质却无法模仿，这是值得注意的一点。

人的努力没有标准，但横向比较至少能看到与同龄人的差距，与专业人士的差距，即便不知道这个差距有多大，只要把孩子的积极性调动起来就够了。这给教师或家长提出了一个严肃的课题——为人师表。大是大非是一方面，堪称楷模的思想品德是另一方面，如：

▲多谈论积极向上的东西。

▲以身作则。

▲做孩子模仿的对象。

▲做为人正派的人。

有限的时间投入，或全心全意地投入到某一学习活动中去，可能永远达不到人家的水平，但对自己来说，有限的时间能取得更好的收益，获得更大的进步，时间的利用价值提高就行了。

榜样更多是表面的形式上的对象，孩子仅仅靠模仿是不够的。在他人身上表现出比较优秀的品质，如良好的习惯、严谨求实的态度、过人的体质等仅靠模仿是学不来的。或者说，仅仅要求孩子努力是不够的，这只是形式上的要求与期待，但智力方面的东西只有学习及实践才能得以提升，只有遵循获取知识的规则才能实现，而年轻的母亲还知之不多，甚至无能为力。仅以其经历来要求孩子，尚显欠缺。不过，既要成为榜样，不仅要注重专长的培养，而且在言谈举止等方面同样会严格要求自己，模仿是走向文明的阶梯！在这一过程中表现出来的敬业与勤奋不正是我们需要学习的吗？我们有时不能达到榜样的境界，至少也要引导孩子去思考与努力。大家都熟悉的雷锋，所展示的是一个一心为公，一心为他人服务的战士形象！我们或绝大多数人是做不到的，这对于孩子也做不到，但至少启发我们：为他人着想、为公共事业而努力奋斗，为环境卫生服务，而不是成为自我中心意识强烈，甚至极端自私的人。这样，我们的说教就有意义，而非嘲讽的对象。

榜样的优点可能使其更加闪耀，我们与之有些差距，为不至于使我们的缺点过于明显，就向榜样看齐，或仅学习对方表现出来的，我们能够理解的那些也就够了。

一个人独处易养成懒散的习惯，但两个人在一起会互相督促、监督。也许孩子有些懒散，没有奋斗目标，那就找个目标。

如果孩子已经十分努力，即便在某方面或某专业已遥遥领先，把同龄人远远甩在身后，但横向比较还存在较大差距，甚至存在短板也是正常的，同样需要榜样来纠正自己，以免出现偏差，这时就需要在方法、认识上加以研究了，而科学的学习方法则是另一话题了。

最后提出两个话题：

一是多加鼓励。孩子希望我们看到他的进步，因为我们是他的榜样，甚至在他的心中伟岸的形象！表扬促人奋进——成绩是一点点取得的，只要是一点点进步就值得加以肯定。

二是以身作则。这是一个表率，陪伴则是监督、相互制约与鼓励，多陪伴孩子对他的成长极为重要。

燃烧激情

谁没有激情？又有谁没有梦想？甚至希望将来能飞黄腾达！这都是好的，不过我们及孩子不需要狂热，但需要激情！大多数人都听说，甚至经历过：

某某为了完成工作任务，夜以继日！

某某因为玩游戏，玩了一通宵！

工作会累！学习会累！玩也会累！同样劳累的两种情况，前者有着强烈的动机与目的性，而后者则仅仅是兴趣罢了。家长期望孩子有拼搏意识，自觉地努力，但成绩差、学习能力弱的孩子身上缺少这一点！这部分孩子因为上学、衣食住行早被安排好了，又是义务教育，太过顺利。他的眼光还没有那么长远，没有经历生存法则，所以就缺乏危机意识。因为他需要的一切家长都包办了，所以看不到生活的艰辛，并为之获得物质财富的方法，甚至认为那是遥远的事。因为他看不到努力与将来事业或幸福生活的关系，所以就缺乏拼搏意识。一个显而易见的问题是努力与改变命运的关系。因为这太遥远，许多孩子还看不到！与学习相比，他更喜欢的工作是游戏与放松，这与我们的期望存在差距。这种情况多发生在缺乏上进心，学习动力不足的孩子身上。

学生对未来从事什么样的工作有很大的不确定性，所以有些事情看不到努力的意义！研究学习能力，起码让读者看到努力与学习成绩之间的关系，进而树立理想，才能使孩子恒久地发自内心地努力。

为游戏、开阔视野及自我表现的心理诉求而努力，是本能或精神生活的需要，这种需要往往不能持久，甚至是随机的，因而是初级动机，是顺应天性的努力。我们希望孩子快乐地生活，健康地成长，但随着年龄的增长，我们会发现这种爱好只是一个方面。我们希望孩子还有更高的诉求与奋斗目标，为了这个目标，即便苦点、累点，甚至付出了青春，又算得了什么？这就是成才的目标。说得现实一点，是生存或实现个人价值这一目标的努力。

理性中有一种更高的因素是需要：生活所需、未来所需，改变自己不良处境所需！还有更崇高的理想！不知道有什么比有理性、懂规矩更重要的——玩仅仅能收获快乐，而劳动不仅使人收获快乐，还获得一个真实的回报，收获充实与经验。由于社会的发展，现在遇到的问题是：

1. 生产方式多元化，三百六十行，我们了解很少的。请原谅本人的无知，即便一个人不断学习，博览群书，视野开阔，他也不可能样样精通，更不可能样样去实践。

2. 在小学课本中讲"劳动最光荣"，这没有错，在无可指责的同时，又感受到赞美之词的空虚乏力！

学习是一种脑力劳动。很多人简单地认为只要学习好就行，这是一种极为狭隘的观点，我们的问题也出在这里。因为这遇到两个不同层次的诉求：一是简单应付，二是看实现目标的途径。看起来仅仅是理性与感性的差别，这在效果上却是千差万别了。似乎谁都知道努力的目的，但孩子有时不知道努力与消遣的关系——学习必须部分或全部放弃自己的休息与休闲的机会，能做到自律。这除了理性，尚需家长的监督、鼓励与引导。

败给女人

没有女人就没有世界。这话不一定正确，但不论男女都是在妈妈的怀里吃着奶长大的，由于女人天性的温柔、美丽、体贴，对于柔弱的孩子具有极大的诱惑力。

女人中也有狠角色，但温和的居多吧！因为天性及职责所在，在控制、教育或对子女的影响方面，尤其是男孩子，更是让男人望尘莫及！

男人在外打拼，女人在家带孩子的比比皆是，反之太少了。温柔与善良具有极大的亲和力，这是男人所不能比的，温柔的魅力胜过任何生硬的说教！对于柔弱的孩子，形象才是第一位的，这是作为教师所具有的第一亲和力。

女人相夫教子，担负教育孩子的重任，无可指责，但一个女人如果陷于对孩子的溺爱、控制与娇惯，无疑是致命的。所以，女人的素养对下一代的成长起着举足轻重的作用，培养知性女性是国家未来强盛的基石！人的世界观是很难改变的：从无人依靠到有人照管，到处受到照顾，过上舒适的生活，似乎是人天生追求的目标。

人天生有追求安逸舒适的秉性，有寻求依靠、安全、温暖的期望，如果年轻的双亲仅用这种投其所好来满足他，顺应他这种诉求，对其发展无疑是致命的。不管家境如何，只要存在这种心态或思想意识，结果将背道而驰。在孩子年龄尚小，不能自理时，需要处处照顾，现在年龄渐大到已经完全有自理能力，却仍在享受家长的照料，不能走出自我，这就是娇生惯养。孩子考虑问题尚浅，不知这样的生活态度对自我成才的影响。如果年轻父母顺应孩子这种心理需求，不断讨好他，让他安逸，过上衣来伸手的生活，那么，他天才的一面就从此泯灭了——过分地满足他，使他失去了一个平常孩子的心，使他失去了无数的锻炼机会！这也是培养自我中心意识的极佳方式。替他考虑得太多了，使他的大脑生锈，不爱思考了；替他做得太多，如洗衣、整理床铺，使他不会自理，手脚就变得迟钝；生怕他身受危险，这也不能做，那也不能做，手脚被束缚了，逐渐失去了生存能力！

现在换一种处世态度与生活方式，他同样成长并快乐着：把学习生活、自理放在重要位置，在享受美食的同时，还要考虑如何获取食物，如何进行食品加工以满足口腹之欲。

由此看来，知识女性在家庭教育中更具有长远的地位与作用。首先，在培养和塑造人才方面起着至关重要的作用。其次，在未成年人品德修养的形成过程中起举足轻重的作用，这在构建和谐社会中的地位和作用不可替代。一个时代女性的素质也深深影响并决定着这个时代的素质和这个民族明天的素质。

一个人所受到的教育首先来自家庭和社会。家庭是未成年人成长的摇篮，家庭教育在未成年人思想道德建设中具有特殊的重要作用。

人的成长缓慢，周期漫长，女性的智慧与付出在子女成才的过程中起着至关重要的作用。在中国历史上诞生过无数杰出的巨人，他们或者创造历史，或者因为留下了不朽的思想和文章而名垂青史。探寻他们成功的足迹，我们会发现他们成功的背后毫无例外地站着一个伟大的女人——母亲。比如儒家的那两位圣人。历史上关于孔子母亲的教子故事很多人都不太了解。其实，孔母在孔子的成长中起的作用是相当重要的。孔母的苦心栽培和细心教育，不到十岁的小孔子，已经学完全部启蒙功课，因他爱琢磨，记忆力出众，喜欢帮助别人，成为同窗中的佼佼者。有了孔母的这一段家教经历及自己帮助别人学习的经历，对孔子之后办私学、兴教育起到直接的影响。孟母三迁的故事家喻户晓，堪称典范。孟母也是一位颇有见地、善于教子的贤德女性。《三字经》中有"昔孟母，择邻处；子不学，断机杼"的名句，成为千百年来中国妇孺皆知的历史佳话，成为天下母亲教育子女的样板故事。

母亲的文化水平和道德修养，在孩子的启蒙教育中起着至关重要的作用，这才是孩子的第一任也是终身制的教师。可以说，女人的素质有多高，国家就有多强大。

不过，女人还是存在欠缺的。在拥有温柔及强大亲和力的背后，与生存竞争的残酷性相比，在伟大的后面又缺少了点什么。所以在养育孩子的同时，一定及早，不失时机地教会他自理及生存技能，这样孩子才能逐步地走向独立。人并不是到了某个年龄，他就突然自理、独立了，这差得还远。

晚清时期著名学者、教育家吴獬（1841—1918，字凤笙，湖南省临湘市桃林镇人）编纂的《一法通》，这本书是明清蒙学兴盛的最后一本代表作，提出"惜钱休教子，护短莫从师"的观点，意思是吝啬钱财就不要教育子女，因为上学是要花钱的；庇护子女的缺点就不要为子女请老师，因为老师会批评学生的。这句话意在强调：教育需要一定投资，从师切忌护短。

　　所以老师——孩子的良师益友有时不那么"友好"，还经常找问题，找不足，如同果树被修剪，才能更健康地成长。孩子年幼无知，去做什么事情，学习什么东西都要有恒心、有耐心，虚心一点把每一件事情做好，切忌急躁和自以为是。如果我们因为爱孩子而放弃了对他的要求，则从一个极端走向另一个极端。

直面诱惑

人都是带着希望来到这个世界上。人天生具有寻求快乐的需求，有精神生活的需求，有开阔视野的需求，有探索的需求。如果一个人痴迷于这种需求，我们说这是他的爱好，如果所痴迷的这种爱好不利于健康或成长，或爱好过头了，我们说他上瘾了。

人一旦对不利于健康成长的某事上瘾就会产生许多的问题。首要问题是，在他的年龄、意志还不足以控制自己欲望的时候，这种痴迷偏离了健康发展的轨道，会产生非常严重的问题。尤其在没有管束的情况下，有多少人因为某些不良嗜好而犯下大错！

有人说，上瘾后要及时采取强制措施。也有人说，要变得理性，如果人的理智足够强大就行了。即便如此，还是有人不能控制，问题在于，对这种本性及需要，如果利用得好，则促进孩子的发展，如果不懂节制，听之任之，就可能影响孩子的发展，就可能使孩子误入歧途。我们希望在师长引导下，让他获得愉快、成就感的同时获得某些方面发展，比如打乒乓球、篮球等活动，既锻炼了身体，又调节了身心。还有比较轻松的绘画、唱歌等活动，我们一般说是爱好。

一、关于网络

网络的诱惑

网络是近几十年才出现的新生事物，越来越普及并影响到我们的生活，当然也影响到我们的孩子。网络功能确实太强大了，越来越成为生活中不可缺少的工具与信息库，这是与游戏类似的一个空间，是把世界变成地球村的一个科技成果。我们在享受网络带来诸多便利的同时，许多不利因素同样在诱惑着我们及孩子，因而加以探讨：

1. 网络游戏。网络游戏即电子游戏的一种，它在无时无刻诱惑孩子，如果孩子缺乏足够的自制力怎么办？也只有家长能采取强制措施了，后文我们将进行专门探讨。

2. 猎奇的心理。人都有好奇心，许多的网络文章就是为吸引眼球而造，很不严谨、粗制滥造。归根结底，网站、网络公司是一个个商业组织，在提供一些知识的同时，还有许多不严谨的文章、广告、商业活动等，这与纯正的教育背道而驰。

转念一想：网站、游戏或一些小说都是商业性质的存在，与纯粹的学习存在许多差异。只有读书，你才会找到比电子游戏养分更多，更有利于成长的知识。

二、关于电子游戏

游戏是人类发展的一种方式，电子游戏是游戏的一种，它具有传统游戏的共性，但也有特殊性。因为这越来越影响我们的孩子，并产生许多问题，因而作为一个课题进行研究。

有少部分人认为：玩电子游戏并非坏事，它可以提高人的灵活应变能力、判断能力等，并不能因少数人玩得过分，影响了学习而取缔它。另一些人则认为：应坚决杜绝电子游戏，一旦迷上电子游戏，就会陷入泥潭，无法自拔。

师长也没有限制游戏及限制别人行为的权力，但为我们的孩子着想，对出现的问题做些研究，以便寻求一个客观有益的对策。

（一）电子游戏与传统游戏的比较

对传统游戏，已有很多的论述，现在做些概括性探讨：

传统游戏，尤其是室外游戏也使人上瘾，但更多是创造与活动，使人获得更多动手的机会，获得实际的实践能力，获得更多的室外锻炼等，因而更能促进孩子成长。让孩子做游戏是为孩子发展着想，减少游戏也是为孩子发展考虑。在生活中，我们也接触到一些游戏，比如与制作结合在一起的折纸飞机的放飞活动，这是电子游戏所不具备的。再如接近纯粹的运动性游戏，如踢毽子、拍球等活动。还有些双人或多人才能进行的运动，如球类活动。此外在特定环境下的游戏，如堆雪人——这不仅仅是一项运动，而且是需要冒着严寒进行的活动，也是意志的考验，不是在温室里所能体验到的。还有些传统游戏让人愉快，甚至上瘾，但离开了特定的环境就无法实施，如扑克牌游戏。

为帮助孩子发展，就需要正确地引导，引导到更为健康有益的活动中去，甚至采取严厉的措施阻止这种时间、精力的浪费。身体发育需要更多的运动，需要更多的室外活动。从整体上看，传统游戏更促进人的健康发展。

（二）上瘾的原因

适当玩一下电子游戏本无可厚非，但这种游戏很容易让人上瘾，尤其对尚无自控能力的青少年极为有害。现对上瘾的原因进行探讨：

1. 好奇心与求知欲。人都有开阔视野的需要——登山的人希望能登顶，以满足一览众山的欲望；看小说的人上了瘾，也只是想知道主人公的结局；看电视也有类似的问题，如有一环扣一环的情节——这是普遍存在的问题，艺术制作人能抓住观众的心理也是技术的一部分。电子游戏同样存在这种吸引力。

2. 充实精神生活的需要。人的精神在不停地运动，寻求精神的充实也是一种潜在需求。人都有追求精神生活、娱乐的天性，孩子也不例外。他们有追求快乐的需要，追求愉悦的诉求。"有事做"比无所事事要强，而电子游戏带给我们一种开阔视野的欲望，寻求结果、探索的欲望，如同对天文的爱好。

3. 收获感、成就感、成功感及求胜的欲望。如过关斩将、消灭敌人等，游戏胜利心情舒畅，打不过去，心有不甘。

4. 寻求安逸舒适的欲望。这是人之常情，玩电子游戏可以在这样的环境下实现，因而也是上瘾的原因。

由以上因素决定了成瘾的活动很多，这需要家长适当地引导并加以控制，比如：

▲上网（排除网络游戏的情况）上瘾，因为人都有开阔视野的需要。

▲读书上瘾，当被小说中某些情节吸引的时候，"看不完不睡觉"就是例子。

▲看电视上瘾，如被某个故事情节所吸引，兴奋不已。

由于电子游戏是一种最为轻松，不利于身体、语言发展的活动，它几乎包括了所有诱惑因素，包括精神满足感、身体安全感等有利因素，因而享受性最强，但对孩子的成长而言，却是效益最差的活动，因而危害极大。毕竟，我们以孩子的成长为着眼点，而非玩得愉快。

明白这些，就会发现，"那种只顺应孩子爱好"的观点是极其错误且有害的，因为爱好应该首先建立在健康有益之上。

三、戒瘾

为给青少年戒瘾，社会上曾经出现两种极端的方式：一是关禁闭或进戒瘾学校；二是让医生把一部分引起兴奋的大脑切除。对于前者，就能忘了吗？手机、电脑这么普及，总不能关一辈子吧？对于后者，则是一种极不道德的方式。把大脑的兴奋中枢（甚至包括语言中枢）切掉，人就变成行尸走肉，没有兴奋感，甚至没有逻辑思维，这个人也就废了，是万万不可的。其实我们完全不必这样摧毁一个人，因为这只是一个涉及心理认知的教育问题。

有人说，玩电脑游戏也有一些好处吧，比如可以使人专注，解决精神分裂问题，但这是一个医学问题，超出本专题的范围，不再探讨。我们首先考虑活动的价值，考虑做哪些活动更有利于孩子的成长。如果所从事的这些活动不利于学习，或把大量的时间白白浪费，那就不可能促进孩子的发展，甚至把学业给荒废了。这对自控力弱、业余活动少、生活单调、缺少快乐的孩子来说，最容易上瘾且不能自拔了。在这个问题上，即便成人也需要一番思想斗争才能解脱出来。

年幼的孩子还缺乏理性，即便他拥有理性，也往往缺乏自觉性，仍需家长监督。当家长采取更强硬的措施，严格控制，如限制手机、电脑使用的时间，能否更深入考虑一下孩子存在哪些不足？因而家长多关心孩子，让孩子的业余生活健康、

充实，有事可做，乐在其中（即便是传统游戏），将极大增强

充实，有事可做，乐在其中（即便是传统游戏），将极大增强免疫力。

其实让人专注的活动、游戏很多，但没有比玩电子游戏轻松、刺激。这相对于枯燥的学习，相对于平淡的生活来说，显然具有不可抗拒的诱惑。举例说，孩子喜欢远足或空间探索，但要实施却不那么容易：一是可能需要家长陪伴，二是走路多了会腰酸背痛，三是只能等到节假日才可实施——对身体的锻炼，对自然知识，如动植物知识的学习，亲身体会的效果远比看电脑要好得多。电子游戏的种类非常之多，在开始玩的时候就要考虑控制。因为孩子都有好奇心与求知欲，如何把这种欲望进行引导与控制？如何引导孩子合理调节业余生活？成人、学习优秀的孩子也会接触电子游戏，能够将时间、精力控制在一定范围，但如果孩子面临升学压力、学习竞争，就要避免游戏上瘾。如果玩游戏不幸上瘾了，就要正确地引导与化解。如何去控制，如何从瘾中摆脱出来？给出如下措施可解决大多数的上瘾问题：

1. 对游戏本身价值的认识。通过引导，认识到仅仅是一种游戏，没有实用价值的时候，就是一个降级、摆脱的过程。

2. 对过关的理解。人有好胜、好奇之心，过关了，没有新鲜感了，就不那么沉迷了，如同看小说，看完那个情节就不会挂念了。我们玩的时候，过关多次了，没有新鲜感了，也就不那么着迷了。

3. 了解过程。人有探索的欲望、好胜的心理。有了对过程的了解后，至少新鲜感、神秘感降低了，瘾就降低了。因而，对于探索性质的游戏，教会他，了解过程也是一种快速除瘾的过程。

4. 丰富业余生活。丰富孩子的业余生活，让其生活变得充实而有意义。把游戏放下后，就没有瘾了。有些孩子没有获得快乐或调节身心的活动，生活太单调枯燥。此情况应多关怀，帮助他们进行一些体育、竞技活动，有利于调节心情。

5. 不接触就不会被传染。因为游戏的种类很多，是个大家族。一般说来，并不是一开始玩就上瘾，而是在开始一段时间后才上瘾，因而对数量或范围的控制是一个办法，即对接触的除瘾，对尚未接触的降低接触机会，不去有意寻找，或强制关机，到室外活动，就不会上瘾了。这需要孩子有一定的自我调节能力，有自律能力。

6. 学习的重任。让孩子知道，学习是改变自己未来命运唯一的途径，留一分清醒与理智，把玩放到一边，就不会被引诱了。如果孩子对理想还一无所知，就不要让他沉湎于这种游戏。

7. 多赞扬，尽可能发现孩子的优点与特长。自己的努力、进步能得到别人认可是最大的鼓励——只要心情好，多付出点又算得了什么？这样一来，即便很累、很枯燥的学习也使他津津有味地做下去，从而忘了游戏。

为了让枯燥乏味的学习变得便于接受，最有效的办法就是在克服困难的过程中不断看到进步，让孩子过得充实而有意义，与放松性游戏的反差不太大，就不会过分迷恋那些游戏了。

8. 适当进行放松性活动，如通过唱歌抒发情感等。即便唱得不够动听，也要给予鼓励与赞许，这样孩子才有勇气唱下去，才能更大胆地表现自己。调节好心情才能专心致志、情绪高昂地投入到学习生活中去。

知识激增的年代

　　乘车或买东西的时候，手机扫一扫就可完成支付；生活或学习中遇到什么难题，上网搜一搜就能找到答案，这太方便了，因而让孩子玩玩手机、上上网，不好吗？但这是一个需要考虑的问题。因为在学习这些知识的时候，也需要时间；在学习这些技能的时候，可能延伸出许多知识，耽误更多的时间！让他走下去，还是加以限制？这是我们需要考虑的一个问题。

　　我们始终关心孩子的成长。孩子需要什么样的文化熏陶，为他们营造什么样的成长环境也是应考虑的问题。

　　网络拉近了人与人之间的距离，把世界变成地球村。这使孩子在家里就可了解外面的世界。以前的许多宣传随着时代的变更，逐步变得不合时宜，难道这成为不加节制上网的理由？在几十年前，互联网还缺失，电视还不普及的时候，我们渴望了解外面的世界，而现在，因网络、电视的出现，在家里就可以了解世界。打开电脑或手机，只要上网，马上就能看到许多新奇的故事、网文，应有尽有，在获取大量信息的同时，也似乎无法判断信息的真假，质量的优劣。这与传统媒体的严谨性无法相比。新的问题来了：如此多的信息必然占用孩子的时间。人的时间是有限的，不可能事事关心，孩子也一样。

如果说不涉及的东西可以不予关心，但我们不可能有那么多时间与精力去事事关心，所以应首先把精力放在与孩子成长有关的事情之中。实际上，不仅仅是孩子，就是成年人也面临这样的问题：电脑、电视占用了我们一些时间，这还不够，有时还想玩游戏，甚至看看电影、手机。但接触这么多的信息，不知如何是好了，因为许多东西是没有必要知道的。这已经不是如何打发，而是如何分配时间的问题，甚至到了必须做出选择的时候了。

孩子还未到关心天下事的年龄，更不可能达到"家事国事天下事，事事关心"的境界。他们所关心的是游戏和动画，进而是国家大事，这是人之常情。人都有开阔视野的需要，但更为重要的，他们还不知道怎样选择更具价值的内容，因而我们来探讨这个问题。我们所考虑的是以后发展所需要的知识技能，这就产生许多的问题：

第一个问题，他们的时间就这么多，为防止青春被挥霍，如何合理安排，让他们的时间过得更有价值？为了孩子的成长，怎么做才能更为科学？

第二个问题，人是有分工的，三百六十行各负其责，我们不可能事事学习，所以就需要有所侧重与选择。

第三个问题，在生活实践中学习更为真实。孩子涉世未深，实践经验少，在生活中学习是人生的第一步，这更真实有用。

第四个问题，现在需要的是培养学习能力，培养这一年龄段的生活技能、劳动技能及相应的素质，而不是去获取更多的知识。只关心与成长、学习生活有关的知识，即便知道得不多又有什么关系呢？人不可能样样去实践，哪些活动更值得去做，不仅要有个轻重，还要有个先后，并进行选择。

第五个问题，大脑不是容器，孩子没有那么多时间去过多涉猎，也没有必要。

如果所有学习问题都能轻易地从网上找到答案，是否缺少了与别人面对面讨论、交流的机会？网上有许多的消遣类的文章、影像，当孩子在搜索答案的同时，必然或多或少受到这些因素的影响，而这又在消耗着孩子宝贵的时间。

第六个问题，涉及一大堆的知识，如四书五经、唐诗宋词、钢琴、画画、围棋、跆拳道等，如何对待人类积累的精华？需要去背？默写？也许在语文课本上有少许文章需要背诵，四书五经之类的了解就行，这是完全不需要背诵甚至阅读的。我们所探讨的是如何让孩子获得生活的能力、学习的能力及自我完善的能力。

知道得多不是缺点，但这些知识可能成为一个包袱！或者说所学知识能为我所用才是重点。孩子学习的时候，培养学习能力就可以了。所以与孩子交往的时候，多提供与教育相关的内容，无关的东西适当忽略并不表明学识浅薄。孩子是长身体的时候，需要锻炼，如果一天十几个小时学习文化课，就可能引发锻炼时间的欠缺，这就没有必要占用更多的时间，额外塞给他一些知识。

最大的忧虑是，既没有教给他学会学习，也没有教给他学会生活，教他学会做人——只是应对考试。

此外，我们仍应保留一些经典文化。上网、看电视是学习，如果多了，哪有时间去读书？先进的思想也只有在书中得到更好的阐释。笔者认为，无论如何要读几本书，这里有哲人、先人的思想，有超凡脱俗的见解，有我们所需要的关于人生、教育及学习问题的答案。把电脑、电视、手机统统关掉看起来有点残忍，但也是一个有力的措施，只有这样才能：

1. 把经典的教材学好，打下基础。

2. 培养判断力，培养求知的严谨性。

3. 适当读书。读书是一种很严谨的沟通，一本影响广泛的经典论著可能改变我们的人生轨迹！

有人认为，让他好好学习，认真完成作业。这种朴实的认识不知害了多少孩子，因为仅仅这样还不够！他需要劳动、生活和实践，尤其是体力劳动与体育锻炼。他还需要外在的训练，这同样需要顺应环境，需要家长的引导。

自我塑造

有人说，真正的人生其实是一个自我塑造的过程，只有顺应时代潮流才能走向人生巅峰！因而这是一个严肃的话题，在实践中成功者不多见，更多的是失败者。

人都存在自我塑造的需求，但这个话题可能会影响到孩子，会产生许多的误导。首先，这严重违背了全面发展的原则。其次，这可能违背和谐发展的原则。对涉世未深的孩子，认识既不全面也不深刻，是很难进行正确决策的。

家长也许认为，应围着高考指挥棒转，这就存在学这个有什么用，学那个有什么用的问题。教师也是这么想的，更是这么做的，但问题在于，划分重点、非重点的问题以及选择所学内容需要慎重决策，差之毫厘，谬以千里。在对教育认知肤浅的孩子那里，往往成为投机取巧的本源。他们往往这样想：

重要的事情认真做，不重要的就可以不认真做，对吗？

重要的事情可以重复做，不重要的就不管不问，对吗？

重要不重要也许没有错，错在处事方法的偏差，而孩子根本认识不到这个偏差对未来有什么影响。孩子不懂教育，也不懂将来成长需要哪些知识，更不懂如何成才，未来发展方向在哪里，但由于种种误导，过早定向、过早自我塑造必然会产生许多的问题，而家长往往对这个问题认识有限，意识不到问题的严重性，表现在：

▲对孩子的要求不能始终如一。我们认为重要的严格检查，不重要的，比如书法作品、绘画作品就很少检查，似乎可学可不学。

▲过分强调某些科目重要。于是重要的就认真、下大功夫，不重要的就粗枝大叶，草率应付。

▲逃避。比如因为学物理太难了，所以就选择学文。既不是根据自己的需要来决定，也不是根据社会的需要来决定学什么，诸如此类。难或易对每一个人都是平等的，机会也是均等的，不管选什么都逃脱不掉竞争的环境。

▲违背成长规律的自我塑造与捧杀。古人有伤仲永的故事，实际上是一种捧杀，现在也有小明星荒废学业。因为社会发展到如今，对人的素质有更高、更全的要求，仅仅靠某一特长或小技术很难进一步发展成为人生支柱。

人的成长规律或教育规律比较复杂，过于简单地决定自我塑造模式往往是一个不严肃的、想当然的决定，有这种倾向的孩子常常出现偏科、能力缺陷、性格偏执等问题。过早自我塑造导致的后果是好习惯没有养成，却养成投机的毛病，偷懒的习惯，进而导致发展片面，发展违背成长规律，却自认为聪明！

从积极方面讲，孩子将来干什么，从小有自我塑造的计划或理想是自我意识的觉醒，但问题是他没有专业人士那样的眼光，或眼光短浅，视野还不开阔。哪些该学、哪些不该学，都出自自身朴素的认识。自我意识越强，个性越明显，好像别人都是傻瓜，这种意识一旦产生，很难矫正，表现在某些方面的懒惰，因为他认为没有用处；还表现在自以为是，听不得别人的劝告，导致把许多锻炼机会浪费了，把许多学习时间浪费了。

有人说，人生就是一个自我塑造的过程，这是一个严重的误导。人生首先是一个成才与发展的过程，满足升学与成长的过程，满足生存的需要，而这个过程相当漫长。俗话说，人在江湖，身不由己，因为首先要满足社会塑造，这是依靠家庭与学校合力才能完成的使命，因而这个塑造是第一位的，然后才是自我塑造。

有人说，人生如同一张白纸，成长的过程就是一个不断调整、修正、塑造自己的过程。这个过程就像捏泥人，你首先要知道你想捏成什么样子，才能最终获得你想要的泥人。在这个过程中，你会受到各种诱惑与干扰，所以对于干扰，一定要警惕并努力把泥人扶正。唯有方向正确，努力与勤奋才会更有价值和意义。还有人所说，人生之旅就像是攀登一种个性的阶梯，在此过程中逐渐证明自己、发现自己。这段历程会让他不断思考和沉淀，不停地尝试、反思、改变，让他内心的追求和目标逐渐清晰，最终实现期望的目标。这样一来，我们的生活更多的是迎合而不是独立！

其实，最重要的，首先要有一个端正的态度，有一个科学的方法，所谓的学会学习，然后才是"高大上"的东西。我们研究这个问题的目的，说白了就是一个自我塑造的问题，规划得好，即便学习方式有所偏差，也不用担心孩子的学习成绩。只管努力，莫问前程吧！

把孩子托付给学校

"孩子交给学校了"，家长这该寄予了多大的厚望！但这里存在着偏差，至少有些家长的认识是不全面的，还有些家长以此来推脱指导孩子成长！

把孩子托付给学校，这并不是说家庭就如释重负，这种观点极为有害，对于学生，家长始终是孩子的导师，家庭始终是他的精神支柱，把孩子托付给学校，甚至托付给教师是缺乏认识，也不能成为推卸责任的理由。人的成长不是一天完成的，其精神支柱也是渐进发展，逐步提高，其各个阶段也不是互相割裂，毫无联系的——并非到了初中就是初中生了，到了高中就达到高中生的水平，其思想认识、价值观、世界观时时受到家庭的影响，其自我发展水平越高，我们所关心的方面就越少。然而在孩子成才的道路上，仍然需要我们努力——需要我们训练、指导并配合学校，这样的教育才能全面。

如果以学校为轴心的话，那就更应该配合学校施以教育，配合学校完成教育活动并弥补学校教学的不足。学校可能比较拥挤，条件不够完善，孩子缺少训练的机会，有些活动只有家庭的配合才可实现。比如，学校中有些实践活动可能无法实施，只有在家才可做到。"以学校为轴心"是一个很不恰当的提法，如同吃的食物可养活人，但我们更是一刻也离不开水与呼吸的空气那样，因为不值钱，看不见就不需要，不重要吗？

如果以孩子为中心，我们所做的一切是为了孩子，这也是非常片面的，因为为孩子提供的这一切是否科学有益，孩子是否喜欢就不一定了。只能说塑造一个人，使其完善并向着我们期望的目标发展，这才是我们的目的。人首先要忠诚于教育，服从教育规律。为了使孩子成才，家长在任何时候都有推卸不掉的责任——我们的一言一行、生活习惯都影响着他，家庭的劳作、待人处世的观念都影响着他，所以为孩子撑起一片洁净的天空，营造健康的成长环境才是最重要的。父母既然这样依赖学校，那么培养学校需要的学生这一使命便始终是我们的第一职责。实际上，本书就是为解决这个问题所展开的一个论述，概括地说，如何让孩子适应这个学习环境是第一目标。

学校、家庭不是互不联系，相互割裂的。在孩子成才的道路上，仍然需要我们配合学校，指导他进行人生观的学习，并尽可能提供训练的机会，这样教育才能全面。有些家长认为，把孩子托付给学校，一切就交给了老师。这种观点极为有害，因为家长始终是孩子的导师，即便他成才独立，家庭也始终是他的精神支柱。家庭的支持、指导、训练同样重要，配合学校完成教育活动，弥补学校教学中的不足。为培养适合学校生活的学生，仍需要在心理上提供指导，在劳动等方面提供训练，这才是家长的第一职责，是孩子成长的精神支柱！

有些家长认为，因为没有学习孩子所学的知识，没有教师的理论水平高，因而对老师报以极高的期望。这是一个误区，把孩子托付给教师，教师教给他专业知识是没有问题的，但这不是推卸责任的理由。因为教育需要接力，更需要合力！而不是依靠某个人！家庭并不需要重复孩子在学校所学的知识，孩子到了学校，家长就要配合学校进行训练，既不要依赖，更不要迷信，甚至放弃自己的责任！不能一味地依赖别人来教育你的子女。

有人说，因为教育是最需要良心的工作，师生感情是天底下最具良心的感情，最纯洁的感情。对家庭来说，社交、实践、劳动机会需要提供，孩子心理上、思想上的问题更需要去矫正与训练。这样，我们就要有个大教育观：家庭、学校及周围的人，甚至玩伴自然组成一个小的系统，在这个系统中的一切活动，如同阳光雨露对于花草那样，影响着它乃至决定以后的发展。

家长在知识传授方面的欠缺当然是通过学校实现的，但学校或指示性教育的欠缺要由家长来弥补！在优良的家庭教育培养出来的孩子，他们自身的行为赢得老师发自内心的喜爱和感动，因此，家长应该把精力放在对孩子身体力行的教育上，而不是一味地依靠学校、老师。品学兼优的学生身后都有一个良好的家庭教育氛围，而且这种家庭教育是一贯的，从孩子牙牙学语时，这种良好的家庭教育已经开始了，第一责任人的态度、原则及对孩子的管束就起决定性作用了。

孩子面临学习、生活与锻炼的需要，只有家长才能有意识地锻炼孩子，只有家庭教育才能实现，别人是极难办到这一点的。或者说家庭才是孩子永远的依靠，因为在成长线上折射出的教育问题，同样需要父母去努力实现，主要包括：

1. 孩子的基础差及成长过程中出现的某些不足，需要家长加以弥补。

2. 孩子的价值观、人生观、世界观受家庭的影响巨大。即便到了高年级，家庭依然是孩子的精神支柱。当然，家庭关心的不仅仅是孩子的成绩问题，思想问题、性格问题同样重要。

3. 世界观的形成。因为世界观的形成导致了孩子的志向、努力程度、学习方法等诸多问题，导致了诸多的偏差。

4. 孩子的认知往往停留在肤浅阶段，只有实践才能获得第一手的认知。虽然我们不可能样样去实践，但在力所能及的范围内，对所认知的东西加以实践，寻求一个深入实际的认知是多么重要！反之，在学习上脱离实际是很危险的，许多人可能还认识不到！因为实践太少时思想就会悬空，表现为主观臆断、夸夸其谈或闭门造车，这在语言学习上表现得尤其突出，也是我们需要研究并弥补的另一课题。

总之，在指导孩子成才的问题上，并不是说学校是靠不住的，而是说，孩子进入学校，仍需要家庭的配合。孩子是家庭、学校和社会共同塑造的结果，这是一个恒久的接力过程。

第二章　成长路上

我们赞美冰山

可谁曾想到

水面下那伟岸的身躯

我们欣赏鲜花

可谁又想到

园丁付出了多少汗水

一个孩子

之所以能向远方狂奔

是因为有广袤的大地

和脚下的路

一个学生

他向着未来狂奔

支撑他的又是什么？

　　这首诗是写光鲜表面背后的动力，这对于学生成才又何尝不是如此？现在，我们来探讨学生成长的支柱，即隐形的翅膀。

　　在看《西游记》时，我常想孙大圣如果懂些天庭规矩，也许不会受那些苦厄，更不会被折磨五百年了。成年人有时也想，如果早知当初，也许如今是另一个样子。

现在的问题是，在每一天的努力中存在哪些不足，这对以后的学习有什么影响，我们却知之甚少。悟空神通广大，却没有"感知未来"的能力。我们也不能感知别人，尤其是孩子的未来，因为他还不了解这个系统，这就有许多的变数。但对他的训练，他的能力塑造的轨迹依然会清晰地表现出来，只是我们没有一个系统的教程罢了。

有人说，学校教育就是一条生产线，每位教师就是生产线上的机械师。在上生产线之前，我们或家长同样在对孩子进行塑造，而这个塑造是孩子产生差异的关键。时间对每一个人都是相等的，在我们希望孩子与我们共度美好时光的同时，对他施以教育，让他健康、快乐地成长。

尽管系统教育是严谨渐进的，但实施得往往不够全面、到位。孩子因缺少锻炼所出现的问题会表现出能力的差异，"学艺在个人"就是这一情况的写照。

常听说，胚子好出来的产品就好。不让孩子输在起跑线上无疑是正确的，但之前的准备更为重要，孩子在以前已进行了若干年的培养与训练，因而逐步定型，越早培养，孩子的可塑性越大。在这里，我们要遵循人的成长规律，但或多或少存在些问题，如：

◆在相同的环境下，相同的教师教，为什么有人学习成绩好，有人学习成绩差。

◆能力滞后：我们说能力不足，这是一个很概括的说法，无可操作性，所以常以成绩进行衡量，而这又不全面。

◆时间不可倒流，孩子学习成绩怎样，将来怎样？我怎么知道？又怎能看得准？这个是看不准的，但竞争能力等却是一点点表现出来的。

◆家长往往在发现孩子身上的诸多问题后才开始反思，这固然不晚，但在事情刚露出苗头的时候就加以干预，孩子的发展也许更为健康。

◆有一种"树大自然直"的说法，意思是孩子大了，自然就会变好，那为什么不思考下，孩子身上存在的那些问题，如果现在就加以注意，让他变好或健康发展岂不更好？

想办法促进孩子健康成长，是让他更进一步乃至走得更远，是每位家长的期望。在这个问题上，即便有一条显而易见的生产线，或成套的方式，如小学——中学——大学；又说德智体美劳全面发展——这实在太概括了，即便没脱离这个系统，孩子发展不均衡的问题在刚刚暴露出来的时候就应当加以考虑了。

我们所有的教育教学效果，实际上培养了他的精神之树与能力之树。对于后者是指在这一年龄段应该表现出来的能力、习惯，这往往不是明确地表现出来。有时在他的言谈、行为中表现出来，需要家长多做些了解，甚至考察。为助力孩子，为他现在的成长或将来的幸福着想，我们要做的还包括培植健康的土壤。一个人所处的环境决定了这个人有什么样的成长之路，什么树结什么果子，越来越多的例子证实了这一点。

孩子成长有一个固定的轨迹，即升学、就业，但其成才之路却各不相同，于是有了许多的分化。有人说，人各有志——可孩子小的时候还不知道自己能干什么，自己的造诣会有多深，进入某个领域的门槛有多高，诸如此类的问题摆在我们面前。我们要做的是寻找他身上的缺点加以更正，让其适应这个系统，适应学习的需要，能平平安安地升学与就业。

孩子最终要离开我们，走向独立。随着年龄的增长，他的自理能力、独立性在逐步增强，这些是需要加以培养的。如果孩子年龄越来越大，我们还抱着"小孩子"的心态去照顾他，就不能适应新环境的要求。我们所要做的是培养一名合格的学生，让孩子适应学校生活的改变，适应这一年龄段学习的要求，至少满足获取知识的需要。

我们的意图始终离不开他的成长与成才，孩子身上的一些欠缺往往难以在课堂上弥补，许多的实践活动没有时间去实践。特别到了高年级，作业多了，孩子表现出来的实践能力过弱或其他缺点没有时间去弥补，甚至产生恶性循环。产生这种情况，只有依靠家长来补课了。或者说，研究孩子，弥补其不足，同样需要一番努力，这不是靠简单重复他所学的知识来弥补的。当然，任何成绩的取得都是努力的结果，如何让学习方法变得比较科学是学会学习的目的。如何让孩子的基础变得扎实，让孩子的学习能力得以提升，则是研究的重点了。

人生只有一次，没法体验重生；求学历程只有一次，也没法从头再来。孩子在启蒙阶段，还没有多少智力，更无成功的模式。为升学助力，仅凭个人奋斗还是不够的。研究这个就是提高孩子掌握知识的能力，为成长助力。

关于学力

　　为什么在相同环境下，相同的学习时间内，有人学习好，有人成绩却较差？成绩的差距会越来越大呢？怎样才能改变这种趋势？经常遇到某些学生，老师们对他们的确付出了相当大的努力，可是他们依然我行我素，学习上马马虎虎，成绩很差，厌学情绪很浓，你能要求他们与学校的教育融为一体吗？至少很难。

　　实际上老师是很辛苦的，有些问题，老师可能讲了三四遍了，可有些学生还是掌握不好，考试成绩依然不理想，于是家长想方设法找老师补课，即使不断让教师补课，孩子成绩的提升还是比较有限，甚至收效甚微，于是一筹莫展。其实考试成绩差的孩子，往往不是用功时间少，而是出在一些深层次问题上，我们即便发现了问题，依然不愿下功夫去解决，如：

　　1. 缺乏耐力，学习是艰苦的脑力劳动，做题往往有难度，需要钻研、思考，甚至需要一番尝试与探索，这起码要求孩子有一定耐心，但学力差的孩子，一看是陌生题型，就傻眼了。

　　2. 缺乏主动性。古往今来，多少成就事业的人都"业精于勤，荒于嬉；行成于思，毁于随"。这句话出自韩愈的《进学解》，意思是说，学业由于勤奋而精通，但它却荒废在游戏玩耍中。"行成于思，毁于随"的意思是事情由于反复思考而成功，但它却能毁灭于不经大脑的随意性中。

学习是以掌握知识、培养应用知识的能力为目标，如果孩子把学习仅仅看成一项任务进行应付，就不可能真正掌握，消极应付怎么可能取得好成绩？

3. 缺乏对相关问题的体验。学习是以客观对象的研究、探索为基础，如果缺乏相关根基，孩童又不想或条件所限，不能获得第一手体验就难以真正解决问题。这涉及的问题很多，如最简单的概念学习：曾经有中学生在文章中写道"绿油油的韭菜一望无边"，虽说是笑话，应是小麦吧？因为孩子缺乏对这两种作物的深入了解，所以就出现了常识性错误。最为常见的写文章，这是对相关对象的表述，最为核心的是对对象的认识与思想的提升，这是指示性教育不能完成的使命，这导致的问题是思想的不开化。由于过多的灌输式教育，学生脱离生活，思想缺乏对社会及诸多问题的认识，表达不可能得体，文章思想更不会深入。如果一点见解没有，就失去了写作文的意义。

探讨这一课题，实际上包括活动与成才的关系，生活习惯与成才的关系，锻炼与成绩的关系，以及由许多行为导致的品质与成绩的关系等问题。或者说，我们要寻求培养一个优秀学生的成长规律，寻求培养优秀学生的课题。这使我们在教育中的疑问得以化解，使教育教学向着更为科学与健康的方向发展。自然界给我们启示：竹子用了四年的时间，仅仅长了三厘米，但从第五年开始，以每天三十厘米的速度疯狂地生长，仅仅用了六周的时间就长到了近十三米。其实，在前面的四年里，竹子的根在土壤里延伸了数百平方米。孩子的学习亦是如此，不要担心你此时此刻的付出得不到回报，因为这些付出都是为了扎根。

竹子的成长哲学在于它有足够的耐心去坚持梦想，当它默默扎根在土里且不为人关注时，并没有懈怠气馁，而是在等待时机成熟，然后登上那遥不可及的巅峰，毕竟人的学习能力需要储备，不可能一蹴而就。犹如冰山，我们赞叹其宏伟的时候，所看到的露出海面的部分其实只有十分之一，其他更为庞大的占百分之九十的部分在海面以下！人的成长也是如此，而这就需要花费许多的精力去研究孩子的成长规律，并在努力中让孩子成熟起来，轻松取得好成绩。

也就是说，想提高学习成绩，除了学习知识本身外，还需要学习相关的东西，有人说非智力因素，这不全面，因为智力是一个渐进发展的过程，视野是一个不断开拓的过程，什么样的视野、能力有助于学习成绩的提升，怎样锻炼可促进学习成绩，现在提出"学力"的概念，即学习能力，并加以探讨。或者说学习本身是一方面，学习背后的一些知识、素养是另一方面。更多情况是没有过多的努力和坚持却总想要揠苗助长；或临时抱佛脚就想鱼跃龙门，却忘了万丈高楼也是平地起，不愿主动出击，付出努力得到想要的。因为学力差的孩子背后还有很多需要学习的东西，那些虽暂时低到尘埃又不为人知的努力，才是本章探讨的重点。

从自理开始

这是老生常谈的话题，因为我们太熟悉了，所以本人也就没有必要拖泥带水，仅做概括性探讨。

许多父母认为，当我们年龄老迈，行动不便的时候，得依靠孩子！想让孩子孝顺，就从小培养孩子的自理能力吧！试想：

如果孩子自己的衣服都不想洗，他怎么可能给我们洗衣服？

如果孩子自己想吃什么都懒得做，不能亲自动手，怎么可能给我们做可口的饭菜？

如果他自己的房间都凌乱不堪，懒得收拾，怎么可能把你的房间收拾干净？

如果他自己获取衣食的能力太差，怎么可能给你提供这些服务？

如果他自己养活自己都困难，怎么可能孝敬父母？因而，为你自己着想，先教会他自理吧。

一、父母对孩子的影响

以身作则，言传身教会影响孩子的一生。如果孩子不知道别人需要什么，也不知道能为别人提供什么，感恩就是一个空想，孝顺父母怎么成为可能？自私自利，不懂孝顺父母很难培养出懂得感恩的孩子。道理很简单，我们怎样对待自己的父母，也就决定了孩子会怎样对待我们，因为我们是孩子模仿的榜样。似乎人老了就应当享受孤独，自私的榜样同样会引导孩子自私自利。如把对父母之爱当作羁绊，那么孩子将来也不会回馈我们温暖。教孩子学会感恩就需要一颗负责的心。一个懂得感恩的孩子，他会感激别人替他做的，珍惜他得到的一切，觉得拥有的一切既快乐又幸福。让孩子学会感恩，让他心存感激地面对这个世界，学会爱他人不是父母的自私，而是对孩子未来生活的远见。以下是网上的一则资料：

前段时间，一个小女孩的问题震惊了朋友圈，她问："妈妈，我以后能把你送去养老院吗？"

因为这位妈妈正与兄弟姐妹们商量着把老母亲送到养老院的问题。商量中，那些刺耳的话语全被女儿听了进去：

"妈走路又不方便，在哪儿都麻烦。"

"我们还有孩子呢，哪有时间照顾啊，送养老院最好了。"

听到这些，懵懵懂懂的女儿自然也想着，以后妈妈老了，麻烦了，就可以把她送到养老院。

二、教给孩子自理的能力

孩子最终要离开我们，所以我们要教给他自理的能力，独自生活的能力。孩子偏小时还不会自理，如收拾房间、洗衣服等需要父母耐心教，反复练习，直到养成习惯为止。如果没有意识到这个训练或活动的意义，那就亲自体验。如当兵的人都要进行内务整理训练，会把被子叠成"豆腐块"——

这是一个看似无关紧要的训练，但确实是一个耐力的训练。耐力训练的方式很多，只要有时间，加以训练将会有意外的收获。

有抵触情绪、太过珍惜自己的体力往往是观念问题，但最大的损失是一种锻炼机会的浪费。

三、诉求

生活拮据的人大都希望通过自己的奋斗改变现状，这是一个健康人正常的思维。改变命运的诉求，说得好听一点是革命理想，说得现实一点，是为未来着想，成才所需。

我们常要求孩子，你应该这样，你应该那样，却从来没有解释下为什么！为什么这样而不是那样？仅仅打扫卫生就是素质的体现？这样就能培养高素质人才？孩子对问题没有更深层次的认识，仅仅局限于你让我怎么做，我就怎么做，仅仅满足师长的要求或讨好他人而进行一些努力。但是你想想：经过锻炼的孩子必然手脚灵活，拥有耐力，遵守规则。有人说是习惯，但好的习惯是长期培养的结果，习惯即能力，良好习惯使人终生受用。为培养习惯，家长对孩子的要求要有一贯性，但孩子有时因惰性、认识不足而对好的习惯不能坚持。只有思想观念真正改变他的努力方向时，从自我表现转化为主动表现时，这才成为我们所期待的。

自理有一个好处是，即便经济拮据、生活空间狭小，也不影响我们这一训练教程，因而成为孩子健康成长的重要因素。这种训练虽然平凡，但立竿见影，不需要额外的投入，却可受益终身。因而良好习惯的养成成为一个教程与原则：整理房间、洗衣服、收拾碗筷等抽空或顺手就完成的工作在孩子那里是一个训练课程，而许多家庭却没有一个明确的教程与指导意识，因而也就没有这个习惯。

四、玉不琢不成器

人都有惰性，希望无拘无束，孩子也不例外。他们大都对自我约束、自我奋斗缺乏明确的认识。现在因为成才的需要，把放松、玩得快乐与约束结合起来！或者说放飞自我是有条件的，这与理想或需求存在矛盾，也许需要一番思想斗争才能做出决定。

好习惯是智慧的酝酿，是模仿、外部压力或为讨师长欢心而转变为一个学生自我完善的需求。

五、一个误解

有人认为，纪律严明、军事化管理纯粹是把孩子当成动物来驯化，表面上的整齐划一也需要个体的配合，因而也是努力的一部分。或者说，服从与耐力的培养需要一番艰苦训练才能获得。

成功者有什么秘籍吗？没有，他们只是拥有一个科学的方法与习惯。虽不是高不可攀，但也需要一番付出，只是平常人时常看不到罢了。之前看到一句话，印象尤为深刻：父母尚在苟且，孩子却在炫耀诗和远方。诗与远方并没有错，错在没有做好当下！当下错了吗？许多机会被浪费的情况太多了。

六、回归现实

总有一些人，你活得青春无敌、你过得光鲜亮丽，却看不见你身后默默供养着你的父母。他们为了让你过上更好的生活，还在向这个世界低声下气。因为父母对孩子的爱太过无私，反让孩子成了自私的白眼狼。有多少父母含辛茹苦把孩子抚养长大，孩子却丝毫不会感恩。

想要孩子学会感恩，家长的言行很关键。为什么付出越多的父母，往往养不出感恩的孩子？其实答案很简单：中国式父母往往只知道关心孩子吃饱穿暖，只关心孩子的成绩，却忘了对孩子的感恩教育。有时，仅仅说说是不够的，因为你教会了他自私与自我中心意识。另一方面，关心别人、吃苦耐劳、做家务却没有教他，认为这与学习无关就不放在心上！

有人说毁掉一个孩子最简单的方法就是对他百依百顺。家长的过度溺爱犹如一套加在孩子身上的枷锁，阻止了孩子的成长。爱孩子是为人父母的天性，然而对孩子爱过了头，陷入了溺爱，便是害了孩子。有这样一个资料：

"重庆邮电大学王老师表示，中国父母普遍是'老黄牛'，呕心沥血培养孩子，有求必应不图回报。然而，付出太多，沟通太少，可能会让泡在'蜜罐'里的孩子觉得父母为自己所做的一切都理所应当，一旦父母做得少了，反而会心生怨恨。一旦孩子养成了'受之无愧'的思维模式，便总觉得别人对自己好是应该的，对自己不好就是有罪的。"

父母对孩子的过度溺爱，让孩子成了"小皇帝""小公主"，而这种溺爱无关年龄大小，而后一旦家长拒绝孩子"啃老"，就很容易造成孩子行为的偏激。自理是最为平常，又不需要下大力气培养的能力，不要因为小、不起眼、零碎就不放在心上。作为一个培养对象，首先产生的效果是：

▲质量意识。

▲自我表现或形象塑造的品质。

▲形成良好的生活习惯，即人生独立的第一步。

　　自理与学习有什么关系？能收拾好自己的衣服、房间，当然也能快速准备好学习用品，而且迁移到写作业中。好习惯需要家长进行指导，一以贯之的要求，在大量反复练习后才能掌握起来。这除了拥有整理房间的要求外，这种动手习惯也会迁移到学习中的整理书本、上课前的准备及整理笔记上——这就是对学习的促进，而这种看得见效果的锻炼却是培养自我形象与独立意识的开端。

关于动手能力

已有很多关于动手能力的论述，本文仅就相关问题做些补充，表达一家之言。

这是一个非常概括的说法，产生这个说法的背后是一个沉重繁杂的课题。之所以这样说，一是涉及的内容实在太多了，本节不可能样样涉及。二是，这是一个实践性的课题，不是理论所能解决的问题，但理论又使我们变得理性，矫正这方面的诸多欠缺及种种偏见。

一、目标

学生的动手能力绝非仅仅在游戏、劳动、实验中能顺利地完成既定目标，亦非如考试中所表现的那样，仅仅完成某种理论或图示就行了。不过，由于考试条件限制，这种形式的能力测试与理论所达到的目标相比还有一段差距，考试也仅仅是手段之一，如果以此来指导教学或培养动手能力还无法实现所期望的教育目标，所以对这一问题进行如下探讨：

如果认为农民就只能教会孩子种地，木匠只会教会孩子做木工，如此等等，还需要孩子上学干什么？并不是说这种工作不好，而是说进行这些方面的学习与锻炼对孩子以后的成才具有更深远的影响。从目前情况看，孩子因过多地进行了理论知识的学习，但在动手方面存在极大欠缺，成为没有人管的公共绿地——认识到这一问题的重要性并不难，但动手是在完成具体目标的过程中实现的，而且是在反复大量练习的基础上完成的，经常做某事，熟能生巧，才能说是能力的体现。问题在于实施起来耗时耗力，常常非常缓慢，很难在短期内提升学习成绩，因而总有些困难。我们在抱怨孩子思想脱离实际、充满幻想的时候，我们也反思教育出了什么问题，问题又出在哪里？

问题之一：因活动不是考试内容，于是产生了许多的误解，动手与考试、动手与成绩间有什么关系？与以后的成才有什么关系？

问题之二：没有明确的教程。收拾房间、折纸、陶艺、木工、玩具制作、家具维修等，似乎都是在家里、生活中学习的。

作家长的可能也不太擅长，即便会几样也没有充足的时间引导孩子反复练习，于是存在某些可有可无的欠缺。

问题之三：这是一种真正的能力，是在大量的练习中锻炼、培养出来的，或是培养出来的某些能力的体现。表现为耐力、娴熟、可验证性、准确性、成就感，进而自我表现与自信心的体现，以及在此基础上的语言能力。

问题之四：在农村的孩子有许多实践的机会，身体也因劳作而变得结实，手脚灵活，吃苦耐劳，但往往缺乏指导，看不到这种锻炼与成才的关系，而把无数的锻炼机会白白浪费了。孩子有时只是家长的帮手，极少有机会从事属于自己的课题研究与实践。城镇的孩子，因生活空间狭窄，能实践的机会似乎更少了，因而也缺乏相应的锻炼。

学生的行为和认识相对于现代科技的发展而言，还显得既简单又狭隘，我们还不需要他创造真正有价值的东西。他的活动，诸如种植、养殖、维修、玩具制作等需要花费很大的气力，或许对家庭有所帮助，但我们要求他进行这些活动的真正目的仍然是学习。在这一阶段，通过他的手、脑和身体其他部分的努力，实现认识与行为的统一。如果认为培养动手能力仅仅是完成某种操作或从事某些活动，诸如养花是为了观赏，学习缝纫仅仅是为了会做衣服，练习打字只是为了文字输入，学木工也就是为了修理一下桌椅等，这种认识极为狭隘而且有害，抱着这种目的去引导孩子就不会满怀信心地努力，而这种努力的成果对许多家长而言又不屑一顾。许多家长看来，反正将来也不打算让孩子从事这样一种职业，所以孩子就不怎么感兴趣，在学校里即便有锻炼的机会也只是服从安排，应付检查，这就谈不上活动的意义与锻炼效果。我们培养学生动手能力的真正目的是获得感性认识，培养智力、实事求是、严谨求实的态度，培养勇于钻研和克服困难的勇气，实现手脑的协调。这样一来，在引导他从事某种活动的时候就赋予了新的内涵，而不是仅仅把他看成一个听话的木偶。

二、孩子的探索欲

孩子天生爱动，天生存在认识自然、改造自然的本能。他天生爱探索、爱发现，到少年阶段，这种欲望变得更为强烈。他渴望攀爬高山，到大海中探险，也希望了解浩渺的宇宙。他对植物和动物有着天生的喜爱，他喜欢采集一些奇异的花草，喜欢动物，观察它们的饮食起居，迷恋于自然创造的无限神奇而丰富多样的生命，渴望认识它们的过去和将来，渴望对这个世界有个整体的认识。他喜欢花也喜欢种花，喜欢动物也希望能饲养动物，喜欢游历和探险，喜欢耕种，也希望能试一试……总之，我们不用担心孩子无所事事，在他内心深处萌生的动力在不断地产生、发展。他生来爱模仿，所以他看到别人玩得很有趣的事情，他也希望参与，但当他发现他所从事的事情没有兴趣的时候，则会随时放弃。也就是说，他的行为还是自发的，还没有明确的目的性，也就不能坚定不移地从事某些活动，在几次三番地努力仍难以实现的时候，也会不了了之，因而这一阶段的活动仍然需要启发、引导、检查。

固然，并不是他到了哪一年龄段就适合或者不适合做哪些事情，我们希望他做好一件事，首先考虑的是对他的心理和未来生活的需要，而不仅仅考虑他活动能力的问题，然后引导他从事一些活动——看到别的孩子学习很勤奋，很用功，就会考虑是否自己也应该这样，看到别的孩子有绘画或弹钢琴的特长，也希望自己学绘画或弹钢琴等。如果一个中学生还迷恋于折纸之类的活动，师长就会责怪他，认为他的心理还没有达到这一阶段发展的水准，这又是一个误区。我们应当按照人的实际发展水准去要求他，而不是依他的年龄要求他，使他的活动首先顺应他成长的本性。另一方面，既然我们不能每时每刻左右他的行为，也就不可能不受环境的影响。所以一种好的方法是在他的体力、智力允许的时候及早引导他进行这方面的活动，在青少年时期所从事的许多活动如果没有进行锻炼的话，也许一辈子也不可能得到锻炼了。

人的活动随其心理和体质发展而发展，首先因为体力已允许他去完成，其次满足心理需要。进行种植及动手操作适合于这一年龄段的需要，适合他求知探索的心理需要。我们既不要以成人的尺度来看待他、要求他，也不能给他以过高的要求。他研究或喜欢的事情，在我们看来也许微不足道甚至毫无指望，但对于他却是极有趣、高尚乃至神圣的事业，为什么不让他试一试呢？即便注定失败的事情，试一试又何妨？这使他视野开阔，使他生活充实，使他的求知欲得到满足，如满足启蒙的需要、认知自然的需要。一般说来，他的探索欲多是种种条件诱导的产物，不会无缘无故地产生。学生对客观事物的冲动源于三个方面：一是别人，特别是同伴行为的启发，其二是思想认识，比如书本的引导；三是环境的引导，比如因为他的同伴喜欢某些小动物，从而萌发了养小动物的兴趣。有时他看到同伴或邻居种植或者因叔叔送给他一盆小花，于是也产生了养花的冲动；如果家里有一台报废的电脑，而他又学过维修，就容易萌发维修的念头。

总之，让他从事一些活动吧，因为在他身上有着天生的爱好，许多活动绝不是一种痛苦的差使，也不是在逼迫下才不得不从事的工作。只要条件许可，就会引导、激发起兴趣，而不具备这样的因素时，这种自发的活动将难以进行。或者说，他的努力需要有一定的生活环境，需具备最基本的条件，如果他根本没有活动的环境，那么这种冲动也只能停留在意识里。所以，如果他希望养花的话，最好给他开辟一小片土地，能够让他自由地耕种。如果家住城市，给他几个花盆，再加几粒种子，他就欢天喜地了。让他自己去努力吧，奇迹是在劳动中产生的，如果他能得到引导或启发，那么，这种自发将变成自觉，而师长的帮助将使这种努力变为现实。固然，让他制作、养殖或种植的目的不仅是为了获得一个产品或玩具，即便是，这对于我们所实现的物质目标也微不足道。因为父母希望他更聪明、激活天赋，而一般人还无法看出这种活动所具有的长远意义，就必然消极应付甚至忽略。经过探讨，我们就有必要努力一番了。

三、从制作玩具开始

有人说，强我中华从制造业开始，发展制造业从儿童教育开始。儿童固然造不出有价值的东西，但也不能认为没有价值。所谓的价值，即玩的需要而制作的玩具，即探索、观察的对象，是展现自我、充实精神生活的方式，是制作与模拟活动的需要，但这也存在不少的问题：

问题一：简单的不屑做，复杂的做不出来。

问题二：大多数玩具都是工厂生产，个人制作的能引起他兴趣的并不多，有时简单的组装也不错。

问题三：在早期教学活动中，有少数制作的项目，需要很多的时间，仅凭学校课堂时间远远不够，这就需要家长的指导了。

即便一项简单制作，从做出来，到做得好，还有十万八千里，也许要花费很长的时间，但这个花费还是值得的。这里的意义是启蒙、对自然规律的认识及培养初步的动手能力。

制作玩具活动所涉及的知识非常丰富，这使他逐步获得一种探索的认知，何以见得？比如最常见的折纸飞机，这虽然是一件很简单的事，但由此涉及的问题却很多。小伙伴们就迷上了这一神奇的游戏，尽管他们折纸飞机的热情与玩联系在一起；他们的目的也许仅仅如此，但由此涉及的问题简直多得不可计数，而且每一个问题都很深刻，对于师长而言也未必能够理解，许多人曾有这样的经历：

"开始，我们看到同伴用纸折的飞机在空中飞来飞去，有各种各样的轨迹，觉得新鲜好玩，希望自己也折一个，创造奇迹。自从学会了折纸飞机就开始互相比赛，希望飞机飞得高、飞得远，能在空中滞留更长时间等。我们想到的第一个问题是纸飞机折成什么样的形状，它的运动轨迹好看。经过几天的试验后发现，纸飞机的运行轨迹与两边的对称性有关，两边对称性好，所受阻力相等，飞行时轨迹圈就越大，反之就越小。如果两边完全对称，那么纸飞机就沿着直线飞行了。再者，头也不要太重，过重了飞机就重量失衡，直上直下，过轻了，就缺少方向性，逐渐探索才有了认识。不过，问题也不少，如因为纸不可能完全平整，再好的方法也不可能完全对称。有时，我们玩纸飞机比赛，看谁能使飞机飞得更远。这个问题就比较复杂，因为投纸飞机不比投掷石块，谁力气大谁就投得远，要想让飞机飞得远，关键是把飞机折好。开始我们设法使飞机走直线，这一步大都做到了，后来我们又经过多次努力：第一，加大飞机的机翼，飞行的时间越长，飞行的距离就越远。第二，选用比较硬的纸不易变形，而且比较重，飞行时阻力对它的影响就小。不过，如果飞机过重，下落的速度就快，反而飞得更近了。"

还有一些问题，他还搞不清楚，也无须我们现在为他解答，但会在以后的学习中逐步弄清楚，而且会使他的思想逐步深入。不过，当他学了物理力学的时候，当他进一步研究的时候，儿时的体验又显得多么宝贵！这种探索的兴趣，会使他进行不止一次的实验，然后在众多实验中寻求投掷的方法和飞机的折法，他也会思考，发现一些最基本的规律。对于这些问题，师长又怎么可能认真研究呢？如果说，他仅仅为了玩而制作一个玩具，一般人也许看不出有什么益处，但如果想制作得好，进行比赛或引起别人关注的话，就得下一番功夫。也就是说，即便一项简单的制作，绝非模仿一下就能完成，其所涉及的问题可能要在高年级的学习中才能遇到，也可能只有专家才能做出正确的解释。现在虽然还不可能领悟这些问题，即便想不出一个满意的结果，但这会使他真正开动脑筋，当他在以后的学习生活中遇到的时候，他便会认真而理性地思考这些问题。

有些人认为，孩子的学习任务这么重，把时间用在绘画、钢琴、计算机上应该没有错吧？这就要加以考虑了。如果实施一种教育以破坏另一种教育为代价，如果为了培养他的一种技能而改变他认知的秉性将很愚蠢，也极其糟糕。这不仅会使轻松愉快、充满乐趣的童年生活变得紧张兮兮，即便不使孩子骄傲起来，也会使他产生某种优越感，而重复教育则是对时间百分之百的浪费。固然，少年对动手和游戏的关系还不像成人那样有明确的目的，但即便不成功的努力，也使他最终认识到他违背了最一般的科学规律。即使我们完全能够避免他的失败，而失败或者离成功的差距会使他知道，真正做好一件事并不容易，从而进一步使他理解农民种的庄稼、劳动用的工具、身上穿的衣服来之不易，而我们使用的人造物是整个社会协作的结果。我们之所以鼓励他，是因为生活实践中的动手能力主要依靠学生的自觉性和自发性，在师长的指导下完成。也就是说，让他进行实践和探索，获得感性知识是首要的，并不一定事事都获得成功，因为不断丰富的知识会使他最终认识到，他的研究是何等肤浅！他的认识相对于人类的研究是何等原始！从而使他把探索的眼光返回到书本中，投入到人类积累的知识中，因为只有书本才会把他带入一个更为广阔而充满智慧的世界。

在此不厌其烦论述这样一个问题的目的并不是去变着样子探讨一些教科书中已经讲过的知识，有些可能生疏，但如果轻而易举或唾手可得就可实现的目标，被白白浪费的情况确实太多了！对于学生，不过早讲述一些以后会在教科书中出现的知识并不是说不让他从事这些内容的实践，也不意味着对未来从事这一工作进行定向培养。让他这样做的目的就是引导他完成实践，引导他在实践中摸索一些最基本的规律，至少获得感性知识。如果只知道告诉他怎样怎样，或者讲一大堆道理，而不能让他付诸实施的话，这种教导又有什么用？如果让他像机器人式地工作，即使实践一百年又有什么用？我们的目的是培养一个知识丰富而聪明的孩子，还不如培养一个拥有丰富实践经验的人，因为这种实践经验使他知道怎样观察和怎样实施，因为做事的艰辛只有经历过的人才体会到——为家庭操劳的父母经历过，教师知道教好学生的艰辛，种地的农民知道什么是"粒粒皆辛苦"，但对于无忧无虑的孩子却难以体验到完成一件制作的孩子所付出的艰辛。养花或养动物的孩子，知道什么叫"操心"，而那些没有这种经历的孩子却永远不可能体会到。实施这样一种教育，虽然还没有作为一种明确的能力来培养，也并不意味着进行定向培养，但真实有用，因为这种实践经验将在学习中用到，在他未来的生活、工作中用到。他未来的工作需要这种能力，他的生活需要这种能力，因为生活、学习及将来所从事的工作大都有这样一个特点——需要他不断地研究和探索，而这种探索经验又难一一阐述：学过电脑的人体验到，当他的经验达到一定程度，他对任何软件或工作平台都变得容易掌握。学过外语的人发现，如果他能精通一门外语，再学其他外语就容易得多。经常写作的人，多种文体都会写得很容易而且较好。与其说这是因为有启蒙，不如说这是研究和创造力的体现——这就是能力的迁移。

　　在他看来，进行实验和制作玩具差不多，学习动植物理论只不过充实了他的实践经验；进行阅读或学习理论只不过是实践经验的验证。这种探索能力的培养虽然没有成为明确的目标，却一直在丰富着他的经验。由此看来，与其说让学生动手是为了培养其掌握某些技术，还不如说是为培养一种解决问题的能力。有些人很费解：有些看起来很朴素，很一般的学生学习成绩却很突出，我们请高考状元做报告，甚至没有发现有多少过人之处，他的行为与经历也没有比别人更为特殊。如此这般是在极为平凡的行为中铸就的，如果说他们与一般孩子有区别的话，其优势就是在这平凡行为中培养的。

　　一个孩子坚定不移做好一件事情，乐此不疲地从事一项活动，需要外界的熏陶与支持。家长如果给予过多的指点，给他太多的帮助反而束缚了他的手脚，甚至束缚了他的思考。如果靠他自发地努力，又往往难以深入，因为许多看似简单的事情做起来并不容易。所以一个好的办法就是培养他做事的兴趣和信心，需要我们表现出对他的创造性活动的兴趣及支持，使他觉得他的活动对于我们也很新鲜、伟大，让他讲一讲有什么认识，应该怎么办！让他成为钻研问题的主角，如果他的思维或劳动成果对于我们的阅历是一种补充，家长也会为之感到高兴。

适合孩子启蒙与锻炼的活动很多，但孩子不可能事事去实践。另一方面，由于视野狭窄、条件所限及活动场地缺乏等原因，孩子无法选择环境，甚至无法选择他所喜欢的活动，比如看到同学养的月季花很好看，可他没有花盆也没有种花的场地，再如，他看到别人放风筝很好玩，可他自己还没有能力去购买、制作或放飞，如此等等。为解决这个问题，一个好的解决办法就是做孩子的榜样，营造适合他发展的环境，做"孩子王"。青少年与有特长又适合学习的人交往更有利于成长。因为他喜欢模仿，希望生活充实，这比无所事事要强出许多。所以说，父母养花，儿子必然喜欢；父亲放风筝，儿子也希望跟着；母亲或父亲喜欢养殖工作，孩子也喜欢做。有时，他看到同学的手工制作品，同样使他羡慕，诸如此类的问题很多，有其父必有其子。由此看来，想调动他的积极性并不难，只需顺应他的天性就够了。

虽然孩子不可能对任何事情都进行尝试，但如果能根据自己的条件、环境进行适当选择，将使教育获得成功。从实践内容看，最常见、最普通，通过一般手段就能实现的可供我们选择的内容包括陶艺、木工、电器维修、玩具制作等，其中一部分是教学所涉及的制作及实验。

需要指出的是，这些活动包括中学教学中涉及的验证性实验，这些实验大都需要特定的器材、设备，有较高的教学要求，在目前及将来一段时间内，我们还不能假定每个学生都能充分进行这样的实验，因而根据条件情况，因地制宜确定教学内容才是恰当的。

看似简单的事情，对有些家庭而言并不容易，即便环境优越的家庭也不可能随意地选择适合孩子的活动，比如家住城镇的学生往往没有一片自己耕种的土地，更不可能建立一个属于自己的作坊；家住农村的学生似乎觉得远离现代文明，电脑、钢琴又显得遥远。如果有了电脑、钢琴，又觉得科技发展太快了，新事物层出不穷，似乎我们所拥有的知识一夜之间就过时了，给人一种不适的紧迫感。

其实不必如此，因为我们的目标是培养人，在这一阶段并不要求我们传给他谋生或将来从事某一职业的知识，对于人的培养犹如地球按其轨迹运行一样，不会因科技的发展而改变。我们所要做的就是发展他的体力，以便他未来的工作和生活；培养他的学习力，让他能迅速地接受现代科学知识；培养他的德行，以便培养一个文明的人。所以，从这一阶段的培养目标看，不管是植物种植，还是简单制作，即便我们的孩子在未来不从事相关的职业，即便科技，尤其计算机辅助教学发展到多么高级的程度，这种学习活动也非常必要。所以，对上述问题的探讨是针对最一般、最常见的情况，而我们生活的环境都有适合其发展的特定内容，但很多活动需要父母的引导与帮助才能实现，如果我们对智力、技能及体质发展等精神实质充分把握的话，即便贫穷的人也能找到最合适孩子成长的启蒙方式。

五、对生命规律的探索

一篇小文，浅薄的知识，相对于无限多样的生物系统，尤其是常见的动物与植物，不管怎么论述都显得肤浅与稀少。不管本人在这方面的知识多么贫乏，也实在是无必要对这个课题评头论足：种地的农民、养殖专业户、生物学教师，哪一个都比本人或我们的孩子强多少倍！我们不缺农民、生物专家，网上的资料，探讨这一课题，是因为我们缺的是对孩子的启蒙，缺的是一个指引性教程，缺的是作为学习力那一部分的学习与锻炼，缺的是教育孩子对这方面的思考。

因为生活质量提高与分工不同的原因，大多数孩子不再为养一条鱼去考虑吃肉，不再为吃饭去关心农作物的长势，似乎动植物知识不那么重要了。另一方面，与生物学家谈一条小鱼的养殖，仿佛调戏人家的智商似的；与农民谈庄稼的种植，又觉得班门弄斧一般；进入高年级，如果谈些植物的种植，似乎又有失身份！

不知读者考虑过没有，有一门学科叫"生物"，可我们的老师既没有时间教孩子去研究生物，更没有时间去养殖或种植，在孩子对生命规律尚未了解的时候就来接触这样一门学科，既缺乏根基，也不可能为了打下这个根基去一一实践。这就好了，现在就把这个任务教给家长和农民吧。

地球上的生物实在太多样了，我们即便穷尽一生也无法尽知地球上所有的生命。让一个未成年人，至多是念中学的孩子来学习，确实有些难度。对他来说，认识生命，哪怕是最常见的生命及规律，即便是最一般的，也应当是最切实可行、最有价值的事情了，因为生命的成长需要时间，不以个人意志为转移，因而认识规律，尊重规律便成为第一要务。另一方面，生命无处不在，选择自己身边喜欢的典型生物进行种植或养殖，从而获得第一手体验。其中，最普通、最容易的是花卉种植。进行这一活动与其说是为了得到别人的赞扬、欣赏，不如说是为了满足他对生命研究的需要，满足他探索和求知的需要，这种对生命规律的认知要比活动本身还重要。通过种植，他会发现，有些植物依靠扦插的方法就能成活，有些却靠种子繁殖。有些植物的生命周期只有一年，而有些草本植物有宿根，第二年还会萌发新芽。有些植物怕涝，如果浇水过多，根就会烂掉，夏天播种的小麦不能长出麦穗，有些树要进行修剪才能长得旺盛、结更多的果实，而所有的植物都需要吸收阳光才能长得更旺盛。

这样，通过种植和观察，他最终认识到植物的生命周期：种子—发芽—植株—开花—结果—死亡这一全过程，并使他获得最一般的规律，植物成长所需要的土壤、阳光、水分和适宜的温度。由此使他懂得并非由他说了算的自然规律，比如种几株普通花，即便一年生草本植物，从播种、成长到开花、结果、死亡，至少需要七八个月的时间。从播种一粒种子到开花结果，得花费他多少心血！从选择土壤、浇水、施肥、播种……哪一样都要认真考虑。如果有一样考虑不到就会失败，因而这对他是学习，也是意志的考验，而这一活动中的问题则使他开动脑筋——水浇多了，为什么容易烂掉？花盆底部为什么要留个孔？有些花为什么在阴凉处才能长得旺盛，而有的不怕炎炎烈日？向日葵的头为什么总是面向太阳……这一活动，使他首先遵从植物的成长规律，其次是对他耐心的考验——植物成长不像他想得那样快，也不像他想得那样慢，而他对它们的生长速度几乎是毫无办法。如果能让植物开花、结果固然不错，但如何能长得旺盛，他还得下功夫。因为这就是生命的成长规律，没有实践就无法想象。

人类是依靠动植物生存的，是它们为我们提供了绿色家园及衣食所需。只是人类分工太细了，对于孩子或城里人，即便不从事这种活动，也可以过上丰衣足食的生活。我们对于儿童甚至中学生，还不必找生物老师教他们专业知识，还没有到那一阶段就不需要讲那一阶段的知识，现阶段去观察认识植物成长规律，获得第一手体验也许更有价值。由于对生物的生长规律的学习一般难以作为一个教程，如果能作为一个教程的话，那也需要很长的一个周期，即便最短的草本植物，如种一朵花也需要从一粒种子开始。发芽，长成幼苗，开花结果，到死亡，也需要春夏秋的过程。这需要较长的周期才能对植物特性做出初步认知，因而这种体验越早越好。正因为周期长的缘故，既难以作为启蒙教材，又难以形成一个完整的教程，所以就视而不见。等到作为一个教程去学习这门课程的时候，也只好纸上谈兵。如果没有平时的积累与体验，即便是简单的常识也没有，等到需要这个经验的时候又没有时间去体验与学习，这才发现平时把机会白白浪费的情况实在太多了！

与花卉栽培同样重要的是动物养殖。一般说来，饲养动物与栽培植物没有截然区别，也不需要很高的技术，只要这种活动适合他的认知规律，他就会喜欢。与植物相比，动物因它的灵性、活泼而讨人喜欢，比如蚂蚁、蜗牛或小鱼。养殖难度稍大点的，如兔子、鸽子、小狗等。开始，动物怎样呼吸，喜欢吃什么，喝什么孩子是不知道的，为它准备食物、清洁卫生也要花费不少的时间。然而这种付出是为一个对象服务，使他真正体验做事的艰辛。很多人都经历过，不当的养殖会导致小动物消瘦，最糟糕的情况就是死亡！也就是说，他的行为自然会得到验证，而他努力的成果也容易看到。这一活动将使他对饲养动物获得全面的认识，也为其观察创造了条件：想想金鱼吃什么更有营养，是否要一日三餐？依靠什么呼吸？如何游泳？怎样繁殖？是否会睡觉？再如小兔子喜欢吃什么？一天吃多少食物合适？怎样繁殖？生命周期多长等。养鱼，需要每天喂养，需要常换水，有时生病了，还要想方设法给它治病。对于水生动物，他会认识到，鱼之所以不断地喝水，是因为它需要吸收水中的氧，就像人呼吸是为了吸取氧气一样。这样一来，他进一步理解赤潮为什么会导致鱼的死亡，认识了自然界的生物——动物、植物以及人都有一个共同的特征：需要新陈代谢，需要呼吸和氧气。并进一步发现，所有的动物、植都要消耗氧气，呼出二氧化碳，而植物还能进行光合作用，吸收二氧化碳，排出氧气。这样他就会明白，为什么不用担心空气中的氧会被用完，大气中的二氧化碳为什么总是保持相对稳定。当然，还有一件事是说不明白，也不宜过早给出的，那就是微生物家族，尽管动植物的腐烂、食物的发酵等一系列的现象表明了它们的存在，但这是仅凭肉眼看不到，无法培养也无法观察的，只有在以后的学习中接触。

进行这么俗气的论述，有些读者可能不耐烦了，不过我们的行为有时多可笑你知道吗？让孩子喂鱼吧，扔上一块馒头的情况也是有的，没把鱼撑死，反而把鱼臭死了！也许有人在想，在鱼缸里养一条鱼，过一段时间鱼是否会长得比鱼缸还大？还有，到海边捉了些小鱼、小虾想带回家，臭在半路上的情况没少遇到吧？还有对韭菜与麦苗分不清，狗尾巴草与谷苗分不清楚，诸如此类的问题并不奇怪。这是我们成人干的好事，缺乏经验，没有教他情有可原。为不让这样的经历重演，我们该考虑下如何引导孩子了。

从生命周期短，最易发现规律的方式考虑，小动物养殖，如蜗牛、家蚕；植物种植，主要指花草栽培；家畜养殖，如鸡、鸭、兔等。没有亲身经历的人不知道这个有多烦人：一日三餐不说，排泄物的处理就会让人避而远之，一旦照顾不周就会给你颜色，稍不注意就会死给你看。如果对养殖毫无经验，难免要犯一些常识性错误。孩子的活动能力有限，往往因环境限制而对他喜爱的活动力不从心。实际上，如何解决这些问题需要考虑。对于父母来说，提醒他固然是为了少受挫折，或者把事做得更好一些，然而这就无法使他得到充分的锻炼，使他失去了获得经验教训的机会。如果他的养殖活动接二连三地失败，就可能失去信心，所以师长把握好尺度非常重要，但有一点必须明白，我们对他的要求不仅仅是获得成功，成功的结果对他、对我们并不重要，重要的是有一个获得感性认识的过程，有一个锻炼过程，失败使他获得与成功同样重要的东西——经验。这使他认识到，对于看起来很简单的工作，如果要干好，还需要丰富的专业知识，而这对于他还不可能实现，但由此获得的经验将在以后的学习中恒久地发挥作用。由此看来，师长的作用在于创造环境，使之变成可能；提供必要的技术指导，使他能够完成任务。养殖或种植可使他探索过程，给他监督、检查和督促，将有助于他完成任务，而不至于半途而废。

之所以探讨这一问题，目的并不是去获得收入，关键在于培养他认真、仔细、严格做事的习惯，因为非常执着地做一件事，对于培养坚毅、认真的性格，培养他不怕困难、坚持到底的决心至关重要。在青少年阶段，如果还没有有目的长久地从事一项活动，也就没有检验过他的意志力、耐心、责任心，而缺少这些，作为一个合格学生就存在欠缺。只有这种活动才能够培养他用心做事的习惯，并进一步迁移到他的学习生活中。如果兴趣不专一，一会儿想干这，一会儿又想干那，结果什么也干不成。那些养成认真习惯的学生，会进一步增加做事的经验，同样会迁移到从未做过的事情中，迁移到学习生活的其他方面。通过这些工作，他会发现，他的栽培技术并不比农民或花匠高明，而且缺乏经验，他会发现有些问题能够找到答案，而另一些问题，也许最终要到他的生物老师那里才能找到答案，这必然引起他对自然科学的兴趣，也必然为以后的学习打下基础。

他通过对植物的观察获得关于植物的一般认知，通过对动物的观察同样获得对动物的生命规律的一般认知，比如有的动物会冬眠，有的鸟类会迁徙等。我们看书时，看到对动物或植物的介绍，就了解大概，就知道它的习性、生命特点，就能把它放在某一类物种中去认识，但这种认识是源于对动、植物的较高认识的基础之上，如果从未见过，也不可能有这样深刻的认识。所以一种山花或一种不知名的野草，如果能给人以美的享受或者某种吸引力，都不妨一种，而他还会把这种工作看得十分神圣，因为会进一步获得对生命规律的认知。

孩子的知识还很有限，在我们看来很普通、很平凡的事情，对于他却不一般，他希望获得某些奇迹，哪怕有一点发现也好，这将促使他进一步努力——他或者从别人那里得到教诲，或者从书本上得到答案，但最终还是从课本上，从教师那里获得系统的知识。这一活动首先培养了他持之以恒的品质：要完成这样的工作，至少需要几个月的时间，这需要他极大的责任心和持之以恒的努力，这对于贯彻到底的决心是不可缺少的，还为他全面观察一件事提供了条件。对于花鸟草虫，我们虽然认识，但往往一知半解，即便看到书中的介绍，但在如何种植或养殖上的经验显得捉襟见肘时，只有实践才能做到这一点。此外，动植物都有成长规律，即便在良好的环境下，也不会一天长大，要想成功，还需要耐心，而实践才使他懂得什么叫按客观规律办事，才能真正体验到成功的艰辛。这有助于培养他实事求是、坚持真理的品质。我们要求学生做一件事是有种种考虑的，不是随便说出来的，比如看他所从事的活动是否有助于身心得到发展；材料、用具、场地等是否易得，目标是否容易实现，是否有助于智育，是否实现产品制造、实用或游戏的目的；制作的产品是否易得、常见，是否具有可比较性等。所以要求孩子做的一些事看起来与别的孩子没有区别，但结果却往往相差很远，比如饲养动物，关心动物，最大收获应是仁爱之心了。

没有付出，没有关爱，就不能由动植物到人，并纠正自我中心意识，这是又一个收获。进行这些活动与"我"有什么关系？"我"需要什么？父母需要什么？年轻人很少考虑。能够种好一盆花，养好小动物，意味着爱心的体现，一枝一叶总关情吗！养啥死啥，也是对生命规律的探索——并不能说你没有好好学习，没有钻研。养殖或种植陌生的动植物，遇到挫折也很正常。本人冒失地猜测，对于读者，对从学校出来的学生，对绝大多数作物、花卉都没有种植的经验吧？因而开展这项活动的周期越短越好，因为生命周期，尤其是植物的生命周期大都很长，去认识、体验需要时间，并不是看看介绍就可以体会到的。

需要指出的是，进行养殖、种植远不如看电视、手机及电动玩具那样吸引孩子的目光，植物的生长速度缓慢，不会说不会笑，也不会走路，一天的变化也就一点点或看不到，远不如手机、电子玩具或动物那样易引起孩子的兴趣，但这就是慢节奏，也是生命生长的规律。因而让他学习这些有点勉强，但对这些唾手可得的教材被忽视的情况太多了。因为生活条件好了，吃的、喝的都不成为负担，不会为了吃鱼去养鱼，也不会因为没有吃的亲自去种庄稼，这就是不关心的理由或原因吗？

有人说，在城里生活的孩子连一片属于自己的绿地都没有，怎么去实践这一活动？这也不会妨碍你去养几盆小花，养点小动物什么的，更不妨碍你去户外观察学习，在有劳动机会的时候好好抓住吧！因而，养殖或种植不仅仅是成人的工作，也不仅仅是老人的生活情调，其实教会孩子，并让他去锻炼才是重要的。

六、绘画

如果不用多少学问，想静下心来，用最简单省事的方式制作一件艺术品的话，那就是绘画了。

画画这个行当古来有之。古人认为，传统绘画与修行有关，绘画对于修行，有以下三个方面的作用：

一是对高人雅士，属修身养性的方式。在没有手机、电脑、电视的年代，足不出户即可欣赏到山川美景的方式！通过对画中的山水欣赏，找到如在名山大川前的感觉。

二是绘画对于人们的一个作用就是静心。修行的人常说"养志者忘形，养形者忘利，致道者忘心"。这句话的意思是要想保养好神志，就要忘记身体的存在；要想保养好身体，就要忘记利益的得失；要想全身心地致力于道，就要忘了自己的心。普通人可以通过欣赏绘画，让我们把注意力转移，暂时忘记我们的心，使自己不再被现实中的心所牵引，使心静下来。实现这一点，更好的方法应该是画画，因为人在画画的时候，需要屏息凝神，全身心投入，一时间忘记自己的身份、地位和名利，也就能静心了。

三是绘画会给人带来喜悦，实现人心中的梦想。现实中没有的或是无法实现的一些梦想，绘画可以帮你完成，也算是对人内心的一种宽慰。表达人们的内心需要，满足人们的愿望，这也是长久以来绘画的一个作用。

传统绘画的作用，现在依然存在。随着人类一代一代的传承，这个观念在逐渐改变，至少用绘画代替远足的方式已渐行渐远。这有什么关系呢？只因现代绘画有了更多的含义。随着现代科技的发展，摄影、摄像都变得大众化，绘画的价值显得不那么重要了，有一些看法在影响着家长及孩子们："你在画什么？""不是这样画的。""画得不像。""继续学习。""画画挣不了钱的。"外界不同的声音一阵阵袭来，让我们及孩子迷失了方向，绘画的意义何在？学还是不学？难道现在艺考，包括画画都是为了能考个好大学，将来有个好工作吗？当画家？还有人觉得这种想法很现实，难道就不能有一点点热爱吗？诸如此类的问题引导我们去思考：

如果能描绘一幅蓝图，也许能增进画画的积极性。

如果勾勒出一幅立体的画面，则需要更多的艺术。

如果勾勒出一幅活的画面，栩栩如生，则称为传世之作。

我们寻求绘画的意义：证明自己的价值？培养自己的审美？提高自己的设计感？发挥自己的才能？还有人认为，绘画的意义是人类自己赋予的，人类对于艺术的看法繁杂，艺术评论、艺术精神的书籍数不胜数，慢慢模糊了我们最初绘画的初心。至于更高层次的意义，如表达思想、表达神韵、心生喜悦、实现梦想之类的还不是目前所研究的课题，这些对于本课题都显得遥远了。作为一门艺术或动手能力的一部分，现进行探讨：

绘画是把自己看到的东西描摹下来，记录下来，是表达自己思想的一种方式。不过绘画不只是教师及画家的事，本篇所探讨的是绘画本身的意义，绘画对儿童成长的意义及绘画的精神。或者说本人探讨这一课题，并非画本身的价值——我们还不要求孩子考虑这一点，也不要求他向这方面努力，我们所关注的除绘画技术外，还包括耐力、专注和对美的追求与表现！因为绘画是：

一种平面表现的练习，对孩子来说，成为最易表现的表达方式。

一种最简单的复制工作：把美的东西留下，把有特色的事物留下印痕。

一幅美景，以线条或点来勾勒图像，这就费时费力，它的最大收益不是画得多好，而是对耐力与专注力的培养。

为了让孩子喜欢，就应多陪伴、多鼓励，即便画得不漂亮，也要及时发现进步，如"比以前好多了"，甚至装订成册。即便有的小孩说了实话——"一点都不漂亮"。只要练就会有进步，只要营造温馨的场所就是乐趣与动力，知识源于我们内心对事物的好奇感受。

把绘画变成一种乐趣，变成主动性，只要赞许就够了。因为喜爱，注意到了我们内心爱慕的对象，我们的感官也感受到了对象的存在。做喜欢的事情，让自己处于这种状态，会为你吸引相关的人与物：本无色彩，画面呈现心中的色彩，绘画让你看见自己的心灵。

有人问，学习绘画去表达和不学习绘画去表达，有什么区别呢？比如，有些人说，小孩子也能画得很好呀，这个区别在哪里呢？这个区别在于，小孩子画画是用一种非主观的，非可控制的方法去画画，很直接，而通过学习之后的绘画表达，因为已经知道了一些绘画的技法，知道了通过什么样的方式可以达到什么样的效果，因而显得有理性。没有学习过的，他的画面带有随机性，是不可控的，而学习了绘画的，重点在于你可以将自己的一些思想和想法整理好，捋通顺，并能结合自己所学的技法，以及一些操作手法来表达自己的想法，固定下来并加以欣赏。

我们最初绘画的本质，回想起我们儿时，绘画是我们内心的符号表达，是我们基于表达的需求，还在牙牙学语的时候，就开始用我们的手舞动着去描摹线条。画画的初心不仅仅因为喜欢，而是因为喜欢画画时候的状态。对于作者呈现的画面不会去否定，更多的是思考与总结，如何通过提升技巧，更好地呈现作者内心的感受，更好地呈现作者心里对于画面的感觉。

当你发现自己与孩子内心燃起对于绘画的喜爱的时候，不问所以地开始画吧，全然地处于这种状态，注重做这件事情时内心的感受：仅仅是喜欢，仅仅让他喜欢。因为喜爱，注意到了我们内心喜爱的对象，我们的感官也感受到了对象的存在。

画画对每个人意义都不一样，本人所关心的不是钱、利益，也不是荣誉，虽然有时会用这些手法去鼓励孩子。绘画的意义是自己赋予的，你会发现当你热爱一件事情本身的时候，你是不需要意义去面对存在本身的！

在孩子动力不足的时候，在受到不良影响的时候，我们仍然需要静下心来，想想进行这一活动的意义，即便已经没有古人那么重视，至少使我们的意志得以贯彻，使孩子的启蒙得以顺利进行。

用绘画勾勒梦与远方是可以利用的手段：想想凡·高，那也是可以称颂的；言必达·芬奇对于《蒙娜丽莎》也是令许多人神往的，这有错吗？描绘一幅蓝图没有错，能激发孩子画画的欲望，甚至高涨的热情，能轻松地工作，坚持不懈地练习是一回事，而后续的引导是另一回事。

对于孩子呈现的画面，他会不断否定，不断去思考与总结——如何通过提升技巧更好地呈现内心的图画，更好地呈现自我对于画面的表达。

绘画从最简单的线条开始：漫画、素描，小人、小狗及别的小动物什么的，只要喜欢、简单就可以。万事开头难，而且从几分钟一件作品到几十分钟一件作品，所培养的正是专注与耐心！最为简单的绘画对于启蒙是何等重要！

每个人与生俱来便拥有自我成才的能力，孩子从 3 岁起便会根据自己感官刺激产生自我教育的能力。他的一切爱好都被家人允许，这种自由正是他创造力的来源，他在不断的观察中把观察到的画下来，家人对他的绘画作品一直无比地赞赏，爱好便培养起来了。

绘画不是艺术生的专利，当孩子能静下心来画一幅作品，能进入安静状态的时候，我们的目的就实现了多半。至于更高层次的东西，如以后的应用，也许随着年龄的推移，我们的看法也在不断调整，但那是以后的事了。

七、陶艺与木工

大人都有一种愿望：看到什么就希望造出来，如看到天上的飞机，就希望做一个飞机模型；看到水中的鸭子就希望做一个鸭子玩具，看到别人有个小板凳，希望自己也做一个。

用艺术寄托希望，用模拟的技术来表现自己。要实现这种目标，不是到浙江义乌找能工巧匠，而是希望靠自己就可以实现。就实现目标的方式来说，陶艺与木工是最为简单可行的方式了。这二者的区别在于，前者适合于塑造一些形态不规则，多样的题材，而后者更适合塑造一些形态规则的物件。前者，只需用手工就可实现，而后者则需要借助于一些工具才能完成；前者在他幼小时就可以操作，后者要等到年龄稍大些才可学习。

进行这种教学仍然以启蒙为主，以做最为简单的用品，哪怕是一个玩具也是可以的，但实际操作起来还是有些难度的。首先，这种工作不仅需要老师，还需要氛围。因为环境及分工的原因，家长可能没有时间做这个，或没有这个技术或做得不够好，难以出好的作品。或即便做出作品，但因缺少观众的原因，往往难以持久。

木工制作相对难一些，但这是一门古老的手艺，而且经过努力，也可以学会入门的技术。

在一切的动手活动中，最有益，对手工要求最高，使身体得到锻炼最多的活动当数木工制作。从原料看，这种制作材料易得，成本低廉；从使用的工具看，刨子、斧子、锯、尺子等简单易得，还有制作周期短，容易见到效果，能使他全身都得到锻炼等优点。所以这种活动对于发展体质很有好处，而制作的目标有实用性——一个箱子或一个板凳。从理论上讲很容易，然而实现目标又那样艰难，哪怕想做好一个板凳也不容易，因为即便有工具，想使用好，还得下一番功夫。如果这个板凳用来坐，恐怕没有相当一段时间的练习就不能实现。很多望子成龙的父母在经济并不宽裕的情况下为他买钢琴、买电脑、请家教，却对那些简单易得的活动视而不见，对那些有利于他发展的活动白白浪费的情况还是太多了！我们过多地让他从事语言的学习，过多地进行理论等本该在课堂上解决的问题，或者过多地进行看电视、听音乐、玩电子游戏等消遣性活动，很少去进行制作和创造等目的性活动，同样背离教育的初衷。孩子的时间有限，如果我们能把孩子的时间用于既简单容易，又有利于他健康发展的制作方面，我们就会以极小的代价收获不管用多少钱都无法获得的成果。

进行维修的人都知道，哪怕维修一样简单的东西也需要经验（理论）、工具、材料等因素，要做到这一点有时需要花费相当多的时间和精力，比单纯知道怎么做要困难得多。教科书中讲述的理论知识与实践相比还存在一定差距。所以培养动手能力的目的之一就是让他懂得工具的使用，懂得如何用简单的工具去创造不平凡的东西，而轻视操作的思想则使他脱离实际，乃至使孩子永远也不会成为一个真正的实业家。动手所实现的目标比仅仅知道理论要复杂得多，比如说维修板凳，即便砍一个楔子，即便学过有关知识，真正实施起来也不容易。因为需要找材料，而且维修时还用到一些最基本的工具，比如斧子、锯子、刨子等，而添置一套维修工具确实要花费不少心思。再就是缺乏维修经验，没有一番试验及摸索是不够的。随着知识的丰富，他会逐渐明白，人类积累的知识已经极为丰富，个人的创造物与人类的创造物相比实在是微不足道，以前的发现乃至现在新的认识，只不过是人类活动中极为有限的一部分，这种对自我的认识将给他一种谦逊的美德，不仅促使他把目标放得更高更远，实现知识与能力的协调，而且更有利于培养一个文明的人。相反，如果只懂理论不仅会使知识成为包袱，而且容易导致纸上谈兵。问题就在这里，我们培养他的操作能力不仅为取得优异成绩服务，而且这一活动所奠定的基础则能使他成就一番事业。真正干出一番事业往往非常艰难，很多成功者所处的环境并不比一般人优越，他的努力都是从最基本的工作开始，利用最简陋的工具去创造奇迹是动手所能实现的崇高目标。谁都明白，哪怕进行一项很简单的制作，也需要许多的设备，需要进行种种努力。如果想亲自做一件事情，就会发现理论与实践的差别有多大！很多雄心壮志的青少年之所以在成年后变得平庸，是因为他不善于营造一个良好的环境——要真正钻研一点东西，需要各种各样的工具，需要特定的手段和环境。如果没有实践，一辈子也体验不到创业的艰辛，也就不可能有真正的成功。

至此，对主要的动手活动做了论述。为了引导、鼓励他去从事这一工作，师长要始终支持他，并以赞许的眼光来看待这些问题，聪明的母亲会这样说，这是我儿子养的花，这是我儿子修的电脑……然后，脸上露出满意的神情——意思是说，你干得好。有时他会遇到困难，但家长不能轻易满足他，给他现成的答案，因为这种探索对他来说极有必要，由此获得的经验、耐心比结果本身更为重要。不过支持不是代庖，需要我们做的仅仅提供必要的条件。如果失败了，最好帮他找一下原因，鼓励他坚持下去；如果成功了，就表扬一下，希望他再接再厉。我们仅仅给他提供必要的帮助，使他的愿望成为可能，如果帮助使他毫无困难地实现目标，还不如不帮为好。而探索，哪怕在失败后也会使他获得最深刻的体验。对于他的年龄来说，需要实践才能完成的事情，哪怕是不成功的努力，也能使他更深刻地认识一条真理——按客观规律办事，而不是以自己的意志为转移。这样的实践经验，比从书本上得来要全面得多。如果他对所做的事情有了充分的认识之后，他就可能不再着迷。他失去兴趣并不是因为师长反对，也不是因为他的成功或失败，而是因为他对所做的事情有了较为充分的认识，他已把目标转向更有价值的工作中去了。

笔者之所以提倡这一活动，一个重要的原因是，他在活动中获得的知识将成为学习力的一部分，因为即使在中小学，他所涉及的知识已经远远超出生活的范畴。在对子女指导的过程中，家长实在没有必要代替老师去做更多的事情，没有必要进行更多的说教，因为这些经过亲身实践得到的东西一辈子也不会忘记，由此产生的疑问也会逐渐在书中找到答案。当他带着浓厚的兴趣去听课或寻找答案的时候，当他把生活所学与书本知识进行比较的时候，我们的目标就达到了。动手操作所获得的实践经验以及所涉及的学科知识迟早在他的课本上，在他未来的求学生涯中出现。所以，因为启发，一向好玩的孩子突然用起功来了，把玩游戏、看电视都放到一边，而对小说、故事、自然科学等突然表现出浓厚的兴趣，这是因为他在偶然事件中发现了知识的价值。这样我们就把他的目光由自然的视野引向书本，引向广阔的知识空间。

孩子不同于成人，不要抱着不屑一顾或无所谓的观点去看待他所从事的活动，应当鼓励他去完成他的活动。他到了一定年龄段，升入初中甚至高中，我们不要认为他的任务就是做题、背书，考试取得好成绩，除此之外的努力就不是学习，这是一个非常大的误区。正确的做法是始终将实践活动作为学习的一部分。进行这样一些活动确实要花费一些时间，而且有时与文化课学习相去甚远，但只有当他的行为确信无疑地背离了教育方向的时候，我们才采取措施阻止这一行为，使他的努力沿着最有利于其发展的方向进行。不过，不久他就会发现，他的时间有限，他要做的事情越来越多，但不是所有的事情都能去做，必须有所选择，服从于理性，服从于人生目标的需要才是明智的。

有些人十分轻视动手能力，一般源于对考试的误解，源于自我认识上的形而上学和应付检查时的急功近利。因为在目前的考试中，实验以笔试的形式进行，只要理论上会就可以了。所以那种把学生课业负担过重，学校片面追求升学率归咎为不会说话的考试制度，说这是考试制度的缺陷实在是不应该的。不过，动手能力需要多方面培养，如果仅仅因为考试的需要，那么这种要求既轻微又狭隘，作为一种人生的探索、创造，没有动手能力是不行的。人要制造工具，尤其对一个发展中的大国，需要现代化生产，而这种生产实践与动手操作密切相关，特别是理科学生，往往是学了很多知识却不能很好地开展工作，文化课成绩优良的学生却是空头理论家或幻想家，缺少实际工作的能力，这对于教育是一种失败。因为理论一般高度概括和抽象，它展示给我们的与实际存在一定的差距，必须通过对客观对象的研究和实践才能真正掌握。真正掌握一门技术并不容易，哪怕制造一点点东西，都需要大量的劳动，绝非一般人想象得那样简单。这就需要对客观对象与理论的协调，这种协调进一步促使他去研究工业技术，去实现理论与实践的统一，乃至成为人生目标。

人获取知识有两种途径：一是来自生活实践，二是来自书本。但只有通过亲身实践才能使他获得全面的体验，而其可重复、可操作性的特点则推动其归纳思考、研究和认识。固然指示性教育获得知识比从实践中获得更为省事，然而很难对这种凝练的知识进行消化。没有对客观事物的直观认识，我们就不可能依靠书本的陈述进行消化，就不会有创新和改造自然的力量。如果仅仅拥有书本知识，就容易导致空幻的想象和思维的混乱，就会培养不了解生活和环境，崇尚空谈、空想的人。所以，为了使孩子的认知建立在事实而非想象的基础上，就鼓励他动手吧。因为这培养的是一种把理想转变为现实的力量，能够把学生转变成一个真正有用的人，能够使他真正懂得什么叫严谨求实和脚踏实地，从而使他的行为建立在对客观对象有充分认识的基础上，因而合乎自然的规则。

有些父母认为，我的孩子既不会去当饲养员，也不可能去种地，更不会去做木工，在科学技术高度发达的今天，用原始的工具制作简单的玩具，对他的成才没有多大关系，然而种植、养殖或木工是他成长和进一步学习的基础。华盛顿在少年时帮助父亲种过地，爱迪生少年时在火车上卖过报纸，难道我们的孩子将来比他们做出的贡献还要伟大？也许有人会问：这得花费多少时间啊？事物是那样的繁多，孩子的学习又那样繁重，这怎么可能呢？确实没有必要样样去实践，但不进行充分的实践，经验就难以获得，动手能力将难以培养，也就不可能进一步发展到科研和创造，发展到开拓性解决问题。现在的孩子过多地学习文化知识，而很少注重动手能力的培养，很少进行产品的制作和研究性活动，这样在他身上就缺少一种表现智慧的力量，因而缺少实现理想的基础。我们固然不要求孩子去创造有价值的东西——种花有花卉市场，制作玩具有玩具工厂等，我们什么也不缺。不过，读者诸君，你们不认为在少年阶段进行的努力是进一步发展到科研和创造，发展到开拓性解决问题的基础？这确实要花费一些时间，但如果从儿童到少年，甚至青年，十几年的学习生涯中不去引导其进行这样一些活动，等到他中学，甚至大学毕业的时候，并不具备相应的制作、研究和动手能力，在依靠他养家糊口、创造财富的时候，才发现这种能力有多么重要！如果这么长的时间都被浪费掉，没有充分培养这一能力的话，又怎么可能突然冒出很多的创新意识及创新能力呢？

美国人很注重动手能力，他们注重实验，注重把由单个制造的产品转化为机械化生产的方式，知道把产品造得精益求精。在我国，有些人发表了很好的理论却难以通过实验和制作把它变为现实，成果无法转化为生产力，能在国外杂志上发表就不错了。美国人则热衷于把理论转化为生产力，因为把技术转化成了商品而大赚特赚，难道这样的事例对于我们不是太多了吗？把一个理论变为现实的确需要大量的工作，需要我们的种种努力，比学习理论所花费的时间要多得多，但如果从小就忽视这一能力的培养又怎么谈创造能力呢？

科学技术从来没有像现在这样发达，人在早期的努力，尤其制作性活动与未来的工作、学习、生活显得有些遥远，就有人认为进行一些实践、制作等活动显得多余。在整个中小学阶段，我们还不要求他创造真正有价值的东西，因为就他所学的知识而言还相当稀少，进行制作和创造还不能建立在人类积累的知识之上，进行这一活动的主要目的仍然是学习与锻炼，只有动手才能培养他适应社会，乃至成为一个实业家。我们常说学以致用，即所学知识是用来解决问题的，有三个方面的意思：一是由纯粹理论到外在对象的认识；二是解决实际问题的能力；三是在相关学科中作为进一步学习的基础。学力也罢，启蒙也罢，对教学中出现联系实际的问题不能停留在口头上，最好进行一番实践，因为这对培养他的实践能力至关重要！他如果有自己的实验基地，有自己的实验工具、器材，他才有可能对某些知识进行实验。在中小学教材中，有一些观察性实验、实践和动手制作，这也许非常简单，唾手可得，但只有实践才能使他获得真正的认知，只有实践才能培养真正的动手能力。

如果你能看到这里的话，再次提醒我的读者：想启蒙孩子，让其预演未来，设计未来，只有从简单可行的目标开始。在现实中，设计出产品，造不出来的情况太多了；造出来与造得好还相差很远；想得太多，脱离实际的情况，眼高手低的情况太多了。常听人说，现实让人清醒，现实把梦打得粉碎！其实，我们在实施教育的时候，在早期就脱离实际了，在早期就对动手能力或实际表现能力嗤之以鼻的情况太多了。也许，我们已超越了玩的年龄，无法回到从前，现在有许多的事要做，是否再去做那些初级或启蒙性质的游戏、制作？当然不必了，但如果时间允许，不妨尝试一番；如果涉及实验性质的仍需严格实验。对于本专题给出如下建议：

1. 从自理开始：孩子缺乏整理家务、自理的学习与训练，自然缺乏这样的习惯，就要从自理开始。这不仅是自身形象塑造的需要，而且涉及一个人的实践及良好习惯养成。

2. 与学习直接相关的实验、观察、体验与制作，仅仅看看演示或示意的情况太多了。进行制作或模拟，不仅仅知道一个现象或结果，更重要的是有实现目标的过程，因为亲身体验到的东西更为全面，更具有可行性。不断操作才能掌握方式，才能进行更细致的观察，体验到细节及要点。动作娴熟了，才能说有动手能力，仅仅做出来是不够的。

指示性教育也许更为省事，但学习力差的孩子，对相关对象缺乏亲身体验的孩子，学习起来就比较吃力。举个例子，经常玩水的孩子体验到水压、虹吸、折射，甚至水中氧气对鱼的生命的影响等，再学相关物理知识的时候，就容易理解了，而缺乏这种体验的孩子，根基不扎实，就容易云里雾里，认识不深入、不准确，学习相关物理知识的时候就困难多了。

动手能力即能力的体现，由此涉及的专题实在太丰富了，既可以简单，又可以深入，因而往往被忽略、简化。在孩子精力旺盛，时间还比较充裕的时候引导他多做一些这样的练习，可终身受益。因为只有做过才知道过程，只有做好才知道过程有多难！所以对他所做的产品，即便还不是太好，也要多加鼓励，如果失败了，更要多找原因，任何事情都不会一帆风顺，这需要一个长期的锻炼过程。

关于语言的学习

　　语言的学习这是一个老生常谈的话题，从古代的八股文到现代的语文学习，哪一样都将其放到至关重要的地位。但问题来了，学了十多年语文，怎么连一篇像样的文章都写不好？一个学历不高的人却可能成为文学大家，甚至获诺贝尔奖呢？孩子在学校浪费了多少时间呢？不管是 80% 还是 90%，都是不便于言明的。难道语文老师只会教孩子认字与表达的艺术吗？

　　与某教师谈起这个话题，言必太重要了，上知天文，下知地理，才高八斗即是语言大师的称谓了。会运用语言就成大师？歪理吧？问题出在哪里？是因为我们对语言的断章取义的理解吗？还是教育教学的无能与低效？为解决这个问题，我们反思一下考试中遇到的最常见的两件事：一是作文，二是阅读理解。对于前者，从几百年前的八股文到现在的高考，对于后者，也是高考的一部分，而且是文章理解的一部分。从形式上看，不管是写作还是阅读理解，这个教学都是在课堂上完成的，秀才不出门便知天下事便是这种情况的写照。很多情况，这是形式压倒内容，但内容又决定形式，因为太重要了，而内容倒少有人问津了。

写好作文是一个很庞大的课题，问题也出在这里：天文、地理、社会、政治、历史、人文都涉及了，是谁引导孩子来学习这个大杂烩？人的认识首先是认知、明理，然后才是思维与表达的，但我们的教育脱离了实际，很多时候是一知半解、闭门造车，我们很少引导孩子去学习这些或让其认知达到这一年龄段所应达到的水平，这怎么可能呢？为解决这样一个问题进行如下论述：

读者可能对语文感兴趣，但学好语文的核心是培养语言能力，因而语言能力更为切中要害。人的表现力包括语言表现力、图像表现力、立体表现力（如陶艺与木工）、动作艺术与声音表现力等。在这些表现力中，语言是最为重要，价值第一的表现力。所以有一门功课叫"语文"，这在中小学占据极为重要的地位。因为有了语言才有抽象思维，才有了真正的智慧，因这涉及一个庞大的课题，笔者仅发表一家之言，以便针对性地解决我们的问题。

一、语言是交流的工具，这包括表现与思维

凡是工具的学习，都是在运用中学会的，比如骑自行车是在骑行中学会的，使用尺子是在测量长度的过程中学会的，弹钢琴是在弹的过程中学会的，等等。再如一些没有上过学的人，讲故事、看待历史问题及沟通力都很好，这是在实践中学会语言表达的例子。

也就是说，你不用教孩子认字、学拼音，他只要学习生活、学习与他人交流，仍可能把语言学好（尽管存在不识符号的情况），这些人是利用有声语言学习的，比如讲个故事，说明个事、物，甚至讲个道理，都能够学会。当孩子的语文没学

好的时候，这个基本功具备了吗？

二、在和谐的环境下更有助于语言的学习

在与孩子的交流中，小孩子说得对与错并不重要，重要的是向我们敞开了心扉，然后才是缓慢地引导与更正。如果一个人成年了，说话不靠谱，那就可能影响自己的形象乃至前程；小孩子思想不符合实际怎么办？批评一顿吗？这就需要一番心思进行矫正。说重了，就容易使其抑郁；说轻了，其认识不到存在的不足或问题——如果不说，就是失职了。在人际交往中，有些人总拣好听的说，有许多敬而远之的情况，因为他不是教师，没有教师的职责，也无教育孩子的义务，怎么强求一个陌生人表态呢？这也不必去指责，但从哪里寻求答案呢？只有在家长与教师那里，只有在温暖且充满爱的环境里更有助于培养性格开朗、活泼的孩子，有助于培养语言能力，如礼貌、沟通及发表见解，从而培养表达能力。

俗话说，一岁年纪一岁心。人们到了成年，以事业为重，考虑成年人的事多一些，在与孩子共处的时候，寻求与孩子共同的语言——"孩子喜欢的话题""对孩子有启发的话题"，做孩子的同行者、旅伴，就有助于培养孩子的语言能力，系第一任教师的职责所在。如果孩子的思想差得很远，那就需要拿出更多时间，一点点去影响他了。

三、有一定的知识面，有一定视野

现代科技已高度发达，通过媒体手段已使我们容易了解这个世界，但各行各业都有人进行了深入研究，形成了一门门深邃的学问，即便终身学习也未必精通某一领域。问题又

来了：世界这么大，万物这么多，知识如此丰富，他哪有时间去一样一样地学？其实也没有必要样样都会。认识、实践所涉及的，仅仅高于他这一年龄段所接触到的问题，仅仅达到"一般情况"或比一般认知高一层阶也就够了，因为有限的时间不可能精通天文地理，风土人情。回到问题的本质，一般的做法是从对身边唾手可得的事物开始认知，从教科书中涉及的对象开始认知，逐步延伸开来。自然的课堂很大，在走进森林的时候，即便成年人能叫上名字的树也很少，而不认识得太多了。在进入植被覆盖的景区的时候，你能认识的花草、动物同样太稀少了。走到海边，你所认识的水生生物也就有数的几种吧？

不要说本人孤陋寡闻，如果不是学这个专业的，大都如此吧！因此，有一条底线是：学习生活中常见的，中小学课本中出现的动植物及涉及的内容是起码要求，常识性知识吧。中小学涉及天文地理、历史自然等内容，凡涉及的都要会一点，延伸一下，起码是常识性问题。

明事理的一种情况是触类旁通，但要有足够实例的认识才能使我们去归纳，认识就从个别开始，如种花草、养小动物等。

人们习惯上都是拣感兴趣的、认为有价值的话题去说，去讨论。孩子刚刚认识这个环境、认识世界，他感兴趣的话题对我们可能极为普通，如地上的昆虫、水中的游鱼、天上的飞鸟，与他欣赏这些，由此获得的知识体验恐怕其终生难忘。

指导孩子，只要他感兴趣就值得我们守护，即便天气不太好，刮着风或下着雪，也要坚持一下，因为这样的机会可能不是很多。

四、关于阅读

在几十年前，网络不普及的时候，传播知识主要靠书本，因而书籍就显得尤其珍贵，所以说"多读书"成了制胜的法宝，因为这是了解外界的最重要的途径。从总体上看，阅读是一种单向地接收信息的过程，接收了大家的思想智慧，但并不意味着自己就成"大家"或"鸿儒"，因为这并不表明读者就有了作者那样的知识、思维能力及表达能力——你知道一个思想与创造一个思想是不同层次的概念；大体知道那件事或说法并不等于深刻理解。更多情况是知道一些，真正培养语言能力，还需交流、思考与表达。因而多读书的出发点并没有错，但书读多了，如缺乏借鉴、学习与应用的时候，时间可能白白浪费了，因为这极易培养书呆子，甚至养成眼高手低、思想脱离实际的习气。

仅仅读书是不够的，学会表达还需体验、反馈——读了心里都明白，但消化不了，也并没有转化成"用"的能力；没有深入的思考，读书再多，起的作用也不大。

有人说，读书可以明理，这话没问题，但教会孩子思考与表达，却很少有人做，更谈不上做好。如教给孩子批判性思维也很少听说，甚至假大空的东西却遇到不少，怎么才能教孩子明辨是非？有时与"有文化的人"在一起沟通，听他们胡侃，孩子却鲜有表现与思考的机会，体验得少就不利于学习，想法脱离实际就是误导。

所以说，自然语言的培养在平等宽松的环境下更有助于其发展，儿童不能漫无边际地接受知识，这很不利孩子的健康，而师长的责任与水准对孩子的成长是多么重要！

在宽松、充满关爱的环境下有助于孩子敞开心扉，孩子有安全感是第一位的，有共同语言才有助于培养孩子开朗的性格。由此看来，与同伴在一起往往更有助于培养语言能力，因为同伴不会有批评，独生子女更需要玩伴或集体生活。

给他一个宽松的环境，让他能勇敢地把心里的想法表达出来，然后才能得到反馈和纠正。良好的人际关系能营造一个交流的环境，积极探讨与孩子成长、学习相关的话题，可帮他排忧解困。

五、指示性教育

这更适合有一定语言基础的孩子，如果孩子的语言基础比较差，又不能（不会）在后天的学习中加以弥补，那么就不可能学好语言，因为学习语言并非语言本身（所谓的字、词、句、语法等语言知识），更重要的是沟通、交际及相关事理的认知。至少，到了高年级所体现的语言水平越来越多地体现出语言的逻辑性、理解力、表达力及对事物的认识或见解。

语言是思维的工具、交流的工具，更是表达的工具。如果孩子到了高年级，对相关问题的认识仍处在一种肤浅的阶段，那就不可能取得好成绩，这体现在作文及阅读理解上——这是一个沉重的话题，实际上误导了许多人，但很少有人认识到这个问题。如写作文，如果对事理认识肤浅，语言表达不够细致，也不可能写出好的文章，而这在课堂上很少培养，家长又茫然，怎么可能学好？

形式本身是一方面，而内容才是核心，如独到的见解、新颖的观点。不进行一番学习、实践甚至探索，怎么可能掌握？为避免为学语言而学语言的情况，就需要在课外下一番功夫了。

六、积极的生活态度

常听孩子说:"关我什么事?"这是一种极为有害的想法,因为这会使很多问题视而不见,还因为认识的狭隘,很多有益的素材被白白浪费了。自我封闭、自我感觉良好,就不能满足学习的需要,比如我们再熟悉不过的情境:走在马路上,路边的树木,行驶的汽车,匆匆的行人,作为家长可能只关注安全与行人了,因为太熟悉了,所以就视而不见,甚至"关我什么事?"但对于孩子,这些都可能成为关注、学习的对象,如果研究一番,那么对他获得第一手资料,获得初步而真实的认知是有益的。比如描写街道:

"夜晚,城市的居民都进入了梦乡,只有一盏盏街灯睁着眼睛,站在马路边,和夜巡的战士一起,保卫着这英雄的城市。"

"大雨洗过的路面,映着银色的路灯,仿佛是一片透明的水晶世界。"

"街道两旁,槐树枝繁叶茂,仿佛撑开了一把把绿色的大伞,搭成一个连绵不断的遮阳棚,使行人走在林荫道上,舒适凉爽。"

"道路把一大片昏暗的地面平分作两半,好像满头黑发中间的一道缝儿,越远越细,一直伸到最远的天边才消失。"

"这条笔直的、平坦的大路,望去不知有多么长,一盏盏路灯站在路边,像在等待着什么似的。"

这是一个例子,似乎没有什么理论可讲,但也不同于孔乙己"回"字有几种写法那样机械,因这包含了感受与表达的艺术。如果进行了学习与练习,即从视而不见到细微感觉的描摹,展现出不错的表现力,这就是差别。

七、八股文

笔者不是贬损历史上的科举制度，而是因为科举制度下对文章风格的要求更高，选拔人才就看写作水平，遇到的问题也就更为明显，因而更值得探讨一番。

所谓八股文，就是要求考生写文章的时候严格按照要求来。对文章的字数、句子长短，每一句的声调等都有严格要求，这种情况下写文章就没有那么简单。"八股文"依然是形式，而非内容，所以就给许多学子以误导。在当时的政治体制下，有好思想、政见，有对事理深刻认识是第一位的。仅仅会累堆文字的秀才注定写不出好文章，上不了榜，做不了官的。因为好文章的背后是对事理的认知，对社会及政治制度的了解，还要有点真知灼见才能得到高分，这对读书人来说是一个考验。那时没有网络、电视，消息闭塞，仅靠私塾先生，靠背"四书五经"就能成高手？不可能吧。研究这个专题，并不是说去学习八股文，而是说，在古人的学习与考试中存在一个问题：考生除了会"四书五经"之外，还需对社会、政治、历史、人文做些了解，形成自己独有的见解，还要有用文学语言加以描摹的能力。如果某个考生处在信息比较闭塞的地方，没有高人指点，自己领悟几十年也未必领会多少。即便领悟了这些，如何用文学语言进行描摹，没有范文或范文很少时，也非常困难。这就是许多书生的不幸了——不是你不聪明，而是因为没有一个明确的教程，没找到合适的老师，或私塾老师的水平有限，仅靠自己去领悟政治、社会等人文知识非常缓慢，努力几十年，考个十次八次都未必考中举人或进士，当属正常情况了。

现在，作文虽然占比下降，但仍然涉及三个要素：明理、思辨和文字表达。不管是为了孩子成才，让他明理，或为了成绩倒逼我们去弄清事理，都值得我们努力一番了。

八、关于明理

在古代，把"智者"看得相当高深，"一双慧眼"又令多少人奢望；道家的"悟道"，把"道"看得高深；而佛家的"佛"，即觉悟者的意思，仍属于明理的范畴。

人类经过千百年的探索，已经积累了非常丰富的知识。对人生、社会、自然科学的思考不乏其人，现在已经有非常丰富的文化资源，说文化宝藏一点也不为过。我们要求学生去阅读、体验生活与反思，但不能没有目的、没有边际，这是其一；其二，如果走马观花，使认识与语言描述过于肤浅，就达不到训练的目的。

一个人的体验与探索毕竟有限，这一阶段的人所涉及的仍然是生活、生产，如农业生产及社会中常见的问题。阅读、学语言仅仅"心理明白"是不够的，心里明白就能写出合乎要求的文章？那是不可能的。这里面还包括思辨问题、价值评判、遵从规则等。只有在生活中善于总结学习的人，有高人指点的人才易成功，这包括对政治制度的了解、人情世故及价值观的了解，或在社会背景下的理论运用。

对考题的解答为什么要思辨呢？因为出题人要求针对某个对象、问题进行评论，所以要求有一定的思辨能力，能进行深入、全面地剖析问题。仅仅这样还不够，为了能拿高分，还需让你的思辨符合人家的价值观，如合乎客观实际、合乎法律与道德、合乎公平公正原则等，这是评委给出的评分标准，也就是考生独立思考的陈述。因这个专题太过庞大，仅仅课堂上的灌输怎么够用？这既是本书相关章节所探讨的课题，又是本节开头的话题，因而不得不到此为止。但不管怎样，只要认识到这个问题的存在，孩子还是比较容易学习并掌握起来的。这里有个顺序是：让学生先明理，后思辨，最后才是艺术的表达。不管是前者还是后者，没有相应的练习是不够的。

九、关于表达艺术

看电视剧的时候，情节总是一环扣一环：没有事弄出事来，小事弄成大事，大事不可调和。几乎任何事不仅节外生枝，还有种种悬念（伏笔）、种种巧合，这就是艺术。

写作来源于生活又高于生活，如同一件产品，除有基本功能外，还有许多的装饰，给人以美感，让人易于接受，因为这是作品。但不管怎样，抒发情感要贴近生活，"由生活中的小事"或"一个片段"，写心理感受、人间冷暖、自我反思等，其中用艺术的语言进行描摹是很重要的一点。会与不会、明白与不明白只是基础，描摹得好才是关键。几百字的小文就是针对某个主题或某个片段展开联想或论述。单纯地说，我看到了什么，理解了什么是不够的，人家往往要求你围绕某个主题写出情感，写出新意。比如领着孩童登山，我们的目的可能就是为了登山看景，开阔视野或锻炼身体，三言两语把话说完了，平平淡淡怎么成文？这就需要用文学或思想进行充实，如：

因为我向往蓝天，
所以不畏山高。

因为我要瞭望远方，

所以站上巅峰。

进行这种描摹是没有什么想法弄出点想法来，加上点艺术，虽谈不上传神，但比平铺直叙要强些。对于学生，我们其实是不要求他进行真正意义上的创新，这是有限的学习时间所不容许的，他掌握一定的知识就可以了。

现代作文要求描摹从某个或多个角度展开，更接近现实生活，但很多考生却"远离生活"，有人说"是因为缺乏生活的实践与体验"——说体验也不准确，应包括变成语言，进行语言艺术的描摹。如同建一幢房子，不是建起来就行，还要进行一番装饰才能宏伟漂亮，令人神往，而这就需要一番心思，甚至付出相当高的成本。写文章，要求学生实事求是还不够，有时还要加上一番艺术描摹。这是与朴素的学习观不同的地方，是经过不断练习才能获得的一个技能。探讨这些是因为学校教育对学生的训练还存在小小的残缺，在许多是课堂上无法完成的，如涉及对人的品格、生活知识、农业知识等的学习，没有一定的亲身体验是不够的。

有人说，进行"多元思维考察"，让考生对社会、对国家、对未来考察，用独有的思维方式思考社会现实问题，让学生用自己的知识、自己的感受去感受社会的进步，体验国家的强大。但实现这个目标需要相当的功底，单纯的"考察"与"多元化思维"还差得很远，这是我们提倡大语文的关键，即是前面所探讨的问题。

由于高考作文要照顾大多数，其内容必然贴近生活，不管是古文还是其他知识，都会有历史的内容，都是当下社会的热点，或者是对热点的延伸思考。这就需要学生了解我们的国家，了解我们的现在，关注我们目前的环境，了解我们社会的状态，就是最好的应对策略。

那些晚熟的人、考场失意的人、屡试不第的人是不是也有这样的体验呢？

关于劳动

劳动分体力劳动与脑力劳动，现在着重探讨一下体力劳动。

古人有"学而优则仕"的说法，意思是学习好就可以当官，不需要从事农业生产或其他手工业劳动。现在因为科技的发展，体力劳动越来越少，脑力劳动越来越多，体力劳动就显得不那么重要，渐行渐远了，还因为高考不考劳动课，甚至一点劳动关系的课程都不考，"不用干活，好好学习就行了"——这是葬送孩子前程的又一决定。

一、关于劳动的概念

社会的分工越来越细，一个人的工作似乎是某一方面的一个环节，甚至看不出对这个体系的具体价值。个人似乎是一块会动的砖，"哪里需要哪里搬"，还需要进行原始的体力劳动？这是一个非常大的误区，会对孩子产生严重的误导。

家长所考虑的首先是适合孩子成长的劳动内容与锻炼。在生产力落后，以小作坊为主的年代，农村的孩子要参加生产劳动，总能找到一些适合于他的体力劳动，但随着城镇化与科技的发展，分工越来越细，纯体力劳动越来越少，进行体力劳动的机会也越来越少，农业生产环境的变化致使锻炼的机会越来越少，大部分是高技术，对专业要求高的劳动。因而寻找让孩子锻炼的机会与内容则成为家长的诉求，而体力劳动又是孩子成长不可缺少的部分。

孩子的智力不够，他所能做的是简单、机械及一些易于模仿的工作。为让孩子锻炼，做些力所能及，又有利于他成长的工作，还需要动一番脑筋呢。

二、劳动对孩子未来的意义

（一）角色转换

孩子还小，我们还不指望他养家糊口，创造财富，但要学会像普通人那样有一颗平常的心至关重要，平凡中孕育着不平凡。

父母爱孩子是本能，很多中国父母都是以儿女为中心活着，付出得太多，孩子却觉得理所当然。自己亲手养大的孩子，当成自己的"心头肉"，长大后却成为榨干自己、嫌弃自己，甚至仇视自己的"白眼狼"，这让操劳了一生的父母真是感到彻骨的冰凉。

出现这种情况，仍然是没有走出自我的圈子，眼高手低，好的工作找不到，平凡的工作又不想干。放不下架子。为避免这种情况，从小就让他有一颗平凡的心，就要接受各种锻炼与考验，并通过自己的辛勤劳动获得成果。

（二）关于感恩

劳动可以解决这个问题：能熟练地自理，也能容易了解他人所需，从而能照顾别人。只有不断实践，才能做出更好的产品，如可口的饭菜。如果你没有教他，他不能为自己做，怎么可能为你做呢？他自己都没有做家务的习惯，又怎肯为别人付出？常听说换位思考，但很少有人说换位实践：你去做两天护士，体验护士的感觉；去扫下马路，体验做清洁工的感觉——尽管这很平凡，但这种体验能使人放下非凡的心。这不会失去尊严，失去面子，但从小就没有这样的平常心，长大后怎会做平凡的事？

不知道感恩的孩子，父母为他付出得再多，在他眼里都是常态，因为你没有教他如何感恩，没教他如何服务他人，没有给他养成奉献的意识。

（三）培养合作能力

一个人是某一系统的一部分，而这个角色是顺应这个系统的劳动，并完成某些任务。自我中心意识太强的人，往往不能正确评估自己的能力，很少考虑别人的利益，不懂别人的诉求及心理。这就有必要学习一些规则来约束自己，使思想认识及语言表达尽可能有分寸。

合作能力是在劳动中获得的最为有益的一项技能。一个人虽然只进行某一项工作，但总是服务于一个整体，比如最简单的整理房间、打扫卫生等。

（四）培养规则意识

家有家规、国有国法、校有校规，那更多是一种政治考虑，而现在，更多是技术尺度的考量，如养只小猫，如不知道它吃啥喝啥，一日几餐，猫就没有精神或容易死去；养条小鱼，同样它不是靠喝水去维持生命，时间久了也会饿死。养啥都死，只因功夫不到家。我们并不需要过多地告诉他相关知识，在实践中会自然地学到。比如做一个小板凳，需要多长多宽的一个木板，需要有一个标准。木头如何锯得规整，同样需要尺子、墨线等，还需要用刨子刨平才能漂亮。

理性使人更加理性。不知道还有什么比遵守规则更重要的——玩，收获快乐，而劳动不仅使人收获快乐，还收获现实的回报。请原谅本人的无知，三百六十行，我们对各行业了解多少呢？一个人即便不断学习，博览群书，也不可能样样都会。家长为了生存或改善生活而奔波，可能不希望孩子走我们走过的路，不希望靠从事简单的体力劳动谋生！确实，本人论述这个，并不打算在未来从事这样一项工作，这一阶段的劳动只是为锻炼或成长而劳动，并以此作为成长的阶梯！

（五）验证说

所有的劳动都是一个系统或系统的一部分，如果这个系统足够小，那么就立马得到验证：比如到工地搬砖，搬多少就是多少，但种一棵树，想种活种好，起码需要一个月，甚至一年以上的时间才能得到充分验证。孩子在学校里待了一天或两天，学到了什么？效果如何却不是马上得到验证的，有时需要一个学期甚至几年的时间才能得到验证，这就存在一个问题：孩子学习习惯、方法等是否科学无法验证。这需要从另一方面，以某种更快捷的方式加以弥补，这就是劳动。这里所指的是适合学生这一年龄段的劳动。这也是一个循序渐进的过程。

验证是这个系统的一部分：养的鱼越来越大还是越来越小？种的花长得苗壮与否，可能几个星期或几个月才能验证；做家务是不是好，可能需要较长时间的学习与锻炼才能验证，也可能是一会儿。

这样，劳动锻炼就容易形成一种质量意识，如严格要求或做完了再检查一下，没有问题才算成功。

三、劳动锻炼

这仍然是一个学习过程，与理论学习的差别是需要更多的实践，而且倾向于体力劳动，比如孩子学习干农活，只是在合理时间内进行锻炼，但有些劳动，如自理，则应该成为生活中不可缺少的一部分。

（一）从简单体力劳动开始

我们都是平凡的人，从事平凡的工作，进行些体力劳动不是丢人的事，若让孩子完全脱离生活与实践，脱离劳动是极其危险的。有人说，环境就是这样，其实大多数简单的活动是家长提供的。提出这个问题，一方面是体质发展的需要；另一方面，对生产过程的学习，对产品的认识所需。如果没有这样一个认识是很不幸的，如看到一个学生总嫌食堂或家里的饭难吃，怎么办？好，你做点好吃的，让我尝尝。这时才知道自己是多么幼稚！制作食品需要很多的技巧，如果真去实践，也许就是浪费食材了。

我们所要求的是适合这一年龄的易于操作的劳动。以前因为没有机械化，做木工、种地全靠手工与体力，上一辈人似乎觉得干够了这样的劳动，辛苦了一辈子却依然清贫。现在到网络化、信息化时代了，用上机械了，教育（思想）还停留在过去，这怎么行呢？这是一个很大的误解，因为我们所期望的：

◆ 让孩子做些易于验证的活动
◆ 有目的地实现某些目标的活动
◆ 做些易于使思想认识深入的活动
◆ 做些初步的生产实践活动

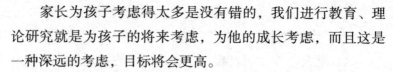

家长为孩子考虑得太多是没有错的，我们进行教育、理论研究就是为孩子的将来考虑，为他的成长考虑，而且这是一种深远的考虑，目标将会更高。

我们让孩子过得舒服一点也没有错，让他适应环境，获得锻炼也没有错。希望他独立，也只有对这个过程进行思考与体验后才有可能。如果我们所从事的劳动难度太大或危险性过高，是不能要求他去做的，如电工及危险性较高的作业。劳动有时需要冒着严寒或酷暑，有时累得腰酸背痛，喘着粗气，仅仅苦一点应不算什么障碍。

（二）从做家务开始

这是太过寻常的一个话题。对读者或家长来说，最重要的，不是做不到，而是想不到，因为不知道这个锻炼对孩子成长的价值所在，所以被忽略了。

这个锻炼太灵活了，可以早干，也可以晚干；可以多做，也可以少做；可以干得好，也可以干得差，甚至不干也似乎没缺少什么——所以在不同孩子身上表现出许多的差异。

生活本身是一个实践、锻炼与学习的过程，自理与做家务则是孩童学习的一部分。如果说生产性劳动的机会难得，那么做家务就显得尤其重要。孩子的许多能力是在生活中学习与锻炼的，因为这个环境千差万别，所以就有了许多的差别，而孩子的性格、体质、动手能力、对知识的溯源等在生活中锻炼就可以了，甚至不必作为一个专题。

这与家长的习惯有关，或与教育理念有关——孩子闲着的时候，不给安排劳动，不提要求，也没有监督与训练，就在无形中失去许多锻炼的机会，时间白白浪费的情况太多了。

学习生活也需要一个教程，不要因为简单、唾手可得，就太过轻视。孩子不懂自理及做家务的意义，也不会干家务，所以就有畏难情绪。在孩子还小的时候，即便一些简单的活动，也需要反复地教，因为这里面还有一个标准问题或质量问题，有一个熟练的过程及良好习惯的养成过程。因而学习生活成为学习的一部分。

确实没有必要给出一个教程，读者朋友并不是不懂这样常见的技术，尤其在农村的家长更需要用好已有的资源，但许多情况是因为过于珍惜体力与智力，怕累坏了身体，致使孩子缺乏锻炼，手脚不那么灵活，使本该完成的学习任务变得困难，这是每一位家长都要反思的课题，也是无须言明的。

关于"玩"

　　我们始终为孩子的健康成长考虑，"玩"这个看似与学习不沾边的话题可能更多时候引不起家长的关注，因而被忽略的情况太多了。现在对这一问题进行探讨。

　　这是一个内涵很广的概念。那种认为玩是消耗时间、没有目的的自发活动的观点，是一种肤浅的理解。如果这是一种常态，被认为是相当一部分情况的话，说明孩子需要引导，而这不正是家长要考虑的问题吗？

　　我们反思这个话题，就是给孩子以正确的引导与训练，做到在玩中成长，从而达到提高学习力的目的。更为准确地说，"玩"是孩子成长的一个阶段，引导得好，就会为以后的发展奠定良好的基础。尽管从形式上看，看似玩与学生的学习没有多少关系，为了让他的人生更有价值，让他的成长能够向着更为健康有益的方向发展，许多活动一旦带上了主动性与目的性，性质就变了，因而成为一个教程。

　　人喜欢玩，是因为有种种需要：首先，人都存在精神调节的需要。人紧张一段时间后就想放松一下，以便于朝气蓬勃地投入到学习工作中去，这对于成年人都是一样的。其次，存在与运动相关的活动，比如滑板运动，存在切磋技术，存在自发锻炼的过程。在孩子的心灵世界里，关于"玩"的活动包括：

▲学习的过程，比如学习折纸、陶艺等游戏本身。

▲制作的过程，如折纸飞机或组装飞机模型。

▲展示自我的过程，如放风筝、玩滑板、唱歌、舞蹈。

▲交流的需要，切磋游戏中的技巧等。

▲探索的需要，如远足等。

▲游戏的过程，如戏水、折纸飞机等。对孩子来说，属于放松与运动的过程，也是益智的过程、成长的过程。

▲认识世界（环境）与探索的过程，包括寻求规律的过程，如滚铁环、抽陀螺、拍球、荡秋千等，一种运动及寻求运动规律的过程。

有些"玩"属于体育运动，如远足、打乒乓球等体育性质的活动。在到一个新地方的时候，需要一个观察与学习的过程，如认识动植物、地名、建筑等，而球类活动则属纯体育性质的运动了。

因而，玩是一个必不可少的成长历程。一个家长如果能引导孩子把时间、精力用在最有利于成长的地方，他就会茁壮成长，他的学习力强弱就取决于每一天活动的质量。如远足的人，连续走几个小时的路，爬山观景，大汗淋漓、腰酸背痛，心里却很愉快——虽然是玩，但比起有意识的体育活动还要强几倍！我们的孩子不需要拿出专门的时间进行锻炼，一次运动，愉快的远足或爬山活动，就相当于有些孩子几天的运动量，尽管皮肤黑了，但身体会更健康！

所以在玩的活动中，有一部分是运动、竞技及开阔视野的过程，这最有利于他的成长。与之相对的是一些休闲活动，如看电视、玩电子游戏等，虽然也有收获，但对成长的帮助小，时间的利用率低，而且因为太过轻松，容易消磨意志。过多悠闲活动会导致孩子无所事事，这就不利于成长。

对儿童甚至青少年，有喜欢的活动，有事干，生活充实是第一位的。玩实际上是游戏、探索、体育活动、放松掺杂在一起的活动，有冒险、自觉、自发的成分。如果我们能引导他进行一些有价值的活动，孩子就会变得聪明、有能力，获得锻炼，学到自然知识，甚至获得启蒙，这不正是许多家长绞尽脑汁都难以实现的目标吗？

很多人认为玩就是消遣或浪费时间——确实存在玩物丧志的情况，甚至长时间沉湎于某一低价值活动，影响到锻炼与学习，这就需要家长的监督与引导了——研究这个课题就是研究"活动"的价值及对孩子成长的意义，从而顺应孩子成长的天性。比如玩泥巴，说得好听一点是陶艺，即通过对实物的模仿获得立体感，既动手，又提升对物体的认识，获得初步的学习体验，但我们往往没有正确的引导，认为无关紧要，或觉得讨人烦而忽略这一活动。

还有人说，这很简单啊！简单吗？是你简单化了。如果让你制作一件拿得出手的作品的话，那就不简单了。这个技术想掌握好，玩得有水平也不是一天两天就能实现的，艺术水平不是一天两天就培养起来的。这就需要一些考虑：

补偿原则。对于游戏，在很多情况下并没有一个明确的教程，有些有利于成长的游戏没有实施，造成了认识与能力的欠缺。

有人说，谁不会玩，不会也可以学，但这需要时间，在早期的启蒙阶段，在他有时间的时候利用起来才是重要的。

有些家长"像个孩子似的"，做孩子的榜样，唤起他的思维与动力才是重要的。

渐进原则。比如绘画，因为在他年龄小，有时间的时候没有练习，导致绘画技能欠缺，等到年龄大了，也并不能表明他有那个能力，仍然需要从头开始。

指导原则。玩需要老师教？因为我们的定义已经趋向于运动技术、体育与制作的成分，即便最为简单的捏泥巴，也需要榜样或老师——即便不是严格意义上的老师。或者说，如果想对孩子正确引导，即便看上去没有在学习，在这个自然学校中比专门辅导不知强多少倍呢！

考虑到这些，如果想创造锻炼的氛围，从而引导他在不断锻炼中成长起来，这就涉及学习力的话题。许多学习力差的孩子表现不如人意，如耐力、竞争意识、严谨性、体质等，如果溯源到早期培养，都可以发现不足或欠缺，这与缺乏玩有一定关系。

经常动手就会使他思考更多的问题，这与以后的学习是相关的。比如在荡秋千的时候，为什么没有人推，只要在底部的时候用力站起，在高处的时候尽力蹲下就会越荡越高；在滑旱冰的时候，怎样才能加速？放风筝的时候，为什么要不停地用力拉线，风筝才能上升或停在空中，而一旦停止用力反而会落地？在种花或庄稼的时候，为什么化肥不能用得太多，水不能浇得太勤……诸如此类的问题，如果他用心去做了，在他学习的时候他就是一个天才，因为老师讲的知识比这些问题要简单得多。

成长的秘密其实没有什么秘密——只需遵循人成长的规律即可，但因为人成长的许多要素没有直观地表现出来，即便身旁有现成的榜样，我们却没有加以鼓励，因为我们看不到许多平凡努力的意义，看不到平时活动对成才的帮助有多大，更看不到"教育的深远影响"。或者说因为教育学知识的欠缺，致使我们对孩子的指导偏离了教育的规律，使本应好好利用的锻炼机会被白白浪费了。

玩实际上是在生活中学习的过程。如果在身边出现一个优秀人物，我们会觉得他很伟大，并愿意向他学习，向他看齐。如果遇到一个学识渊博的人，孩子与他交流，将获得更多的知识与启发。如果在一个强势群体面前，我们即产生危机意识或压力感，等等。

熏陶是一个无形、抽象的概念：人格魅力的感染，成功方式的模仿，心理预期等。与成功者、学识渊博者在一起，受到这些人的引导与启发，从而向着更有利于健康的方向发展。

有人说这是"榜样的力量"，这很好，我们还要给孩子找一个可模仿的对象，找一个有利于孩子成长的环境，但无论如何，这个榜样要有可模仿性。

如果我们是体力劳动者，辛勤的劳作也会引导孩子自然地进行体力劳动。如果长辈或玩伴喜欢体育活动，那我们支持他加入也是一项成绩，比如学习旱冰、学习滑板等。并不是别人喜欢什么活动，我们就喜欢什么活动，而是什么样的活动有利于孩子发展，我们才支持，而这项活动又恰巧比较时兴，适合这一年龄段孩子的需要。

孩子身上都有一种不甘落后的心态，有一种向上的力量，而这与我们的鼓励、关注、支持是分不开的。如果他一个晚上在进行一项活动，如学滑板，尽管带有玩的成分，但这也是运动与学习的过程，这是多少鼓励与体育活动所不能替代的。所以，如果遇到孩子喜欢的活动，即便弄脏了衣服、耽误了吃饭，都不要露出丝毫的抱怨，而是热心地谈论这一话题——健康成长不正是我们所期待的吗？

"尊重知识，尊重人才"不是挂在嘴边的，这是我们学习的榜样，是成长的动力——即便接触得少，也是心目中的榜样。我们也并不是看到什么就学什么，遇到一位先进人物就想走他走过的路。因为时间有限及环境的缘故，如果对每天的行程与安排做些研究，只需找些适合于孩子又能实现的活动进行练习，而这时遇到了一个可作老师的人，就可以获得好的发展，这是不用加以指明的。

营造一种适合孩子成长的文化氛围是多么重要！现在网上有各种各样的知识，但并不适合孩子过早地学习！去关心国家大事不是不对，因为还不到那个年龄，选择关注的话题也需考虑。如果家长比孩子还孩子，也是一门引导的艺术。这是一个学习、运动（活动）、精神生活与启蒙的课题，但需要一些条件，比如踢毽子，到有踢毽子能力的时候，才可成为一项活动，实施的话，还要有活动场地，有适合孩子的活动内容及相关群体等，这就涉及下一个课题了。

在陪伴中成长

人的潜力是无穷的——

▲孩子上幼儿园的时候，一连玩三四个小时也没觉得疲倦，喊苦喊累。

▲孩子逛公园或爬山时，一连走几个小时，成年人都受不了，他们却精神饱满，朝气蓬勃，看上去也没觉得累，或休息一会儿就好了，比我们成年人还有耐力！

▲孩子滑旱冰、滑雪，一连玩几个小时，也没有叫苦叫累。

这就是孩子的体质、耐力！只要喜欢，累点算什么！他能不怕腰酸背痛，忍受酷暑去登山，能在刮着北风，大雪飘飘的时候去玩雪，甚至用热火朝天形容也不为过，这样的孩子绝对能轻松完成跑步目标！

他有开阔视野的欲望，如爬山的时候不是单纯看风景的观光游客，更多是个研究者，研究关于矿物、植物、昆虫等。为爬山或看大海，即便长途奔波又算得了什么？

只要喜欢，热情不减，如他做陶艺或玩泥巴时，能轻松做出各种模型，一次不行再试一次。

在生活困难的年代，孩子学习的动力是改变窘迫的状态，改变命运，抱这样的目标而努力。现在生活条件好了，重体力劳动已经很少了，在农村的孩子可较方便帮助家人做些体力活，而在城镇生活的孩子，体力劳动的机会变得稀少，通过体力劳动培养素质变成了奢望！

现在，为什么相当一部分孩子缺乏学习动力、耐力及钻研精神呢？缺乏足够的体力，缺乏足够的锻炼呢？很早以前，有学者提出了让孩子"自由地发展，快乐地成长"，这与望子成龙父母的期望有不小的差距呢！很多时候，"自由地发展"是一个不合时宜的提法，因为中国人口众多的原因，我们的活动空间往往比较狭小。还有一种情况是习惯了悠闲的生活，丝毫感受不到成长的压力，感受不到室外活动的乐趣。

有人说兴趣是最好的老师，但这是一个非常肤浅、感性的概念，因为需要比兴趣更为持久，理由更为充分。孩子不爱动并非累得不行，而是看不到有益且单调活动的意义，所以不喜欢，没有耐心。人都有探索的欲望，有开阔视野的需求，这在孩子尚小的时候就表现出来——这很好，只要有一点爱好，我们就要积极地引导与陪伴，比如看到天上的风筝非常好玩，那带他去放风筝好了，连续几天或几个星期进行这一活动，才可能进入状态。

孩子是寻找阳光的树苗，寻求积极的精神生活是他们的第一需要。他们的眼光还没有那么长远，生活压力、成才压力可能没有那么大。为解决孩子活动空间狭小，缺乏耐力，兴趣难以发展的问题，或解决引导与安全的问题，充分利用环境资源，陪伴则成为孩子发展的第一要务。因为在通常情况下，孩子想活动，但会遇到一些不易觉察的困难，比如放风筝需要较大的场地，而他自己还没有独自进行这项活动的能力。游泳要以安全为前提，往往需要家长陪伴。喜欢是一方面，有能力去实施是另一方面。如果在海边，可带他去游泳，哪怕长时间进行这一活动都乐此不疲，耐力、意志力与强健的肌体都是在这种锻炼中培养的，如果没有家长的陪伴，又怎么实施？

有玩伴很好，如果有成人的认可与支持更好！只要他喜欢，我们就坚持陪伴——于是有了技巧和耐力，一到活动场地就能按部就班地进入状态。这不需要更多的理论，玩得有热情就可以维持，而我们的支持又使他坚持！耐力与技巧的培养是熟能生巧的过程。

父母无论多忙，都要拿出时间来陪陪孩子，与孩子做些有益的活动。儿童喜欢玩与探索，但他的活动能力有限，因为安全与技术的原因，我们可能加以限制，这也带来一个问题：许多本该进行的活动被限制或取消了。相当多有益的活动，如绘画、书法、手工制作等，因为孤单、枯燥而难以坚持！另一方面，家中的电器可能分散孩子的专注性！孩子在学习时，我们去看电视、电脑，或做一些轻松的事情，这会分散他的注意力，使他难以坚持！

兴趣是一点点积累起来的，体力、技巧、耐力也是在实践中培养的！孩子缺乏耐心与拼搏意识也有种种原因，如从小练习钢琴的孩子需要父母的陪伴。如果没有陪伴，就没有动力，更不知做多少努力合适！做什么，到什么程度，有时家长对孩子起了反作用。

在陪伴中多鼓励。看到孩子点滴的进步就要肯定，即便离目标还有不小的差距，只要是进步就值得鼓励。陪伴可避免一些干扰，如在孩子学习时，家人听音乐、说话等。

有人说，好的习惯即能力，因为自觉与持续地努力使他受益终身。

　　培养一个合格的适应学校生活的学生是家长的第一要务，这是家长这名第一任教师的职责。

年龄与学习力

　　随着年龄的增长，有些孩子的学习越来越吃力，成绩出现了两极分化。部分学生的学习成绩出类拔萃，而另一部分学生却跟不上这个节奏，成绩越来越差。出现这种情况往往不是他们没有努力，而是因为学习力跟不上年龄的增长，没有达到这一年龄段应有的水平。

　　学生的学习成绩与能力不是截然分开的，但由于不言自明或不便言明的原因，学习成绩与能力脱节了，现在我们来研究这个课题。

　　一种观点认为，树大自然直，孩子身上所表现出来的缺点，长大后就逐步改正了。认为到多大年龄就有多大能力，就有能力干什么事了——这是一个误解。孩子的能力是逐步发展的，他的思想及他在学习生活中所表现出来的能力也是逐步发展的，因诸多的原因，没有跟上这个节奏。许多家长对孩子学习成绩每况愈下的情况忧心忡忡，认为需要老师更多的指导，于是参加各种各样的辅导班，甚至找任课教师开小灶，成绩却进步不大。

　　随着学习的深入，学习内容的增多，难度的增大，老师讲得不再那么详细，许多知识需要学生自己努力，需要更高的学习效率、学习质量才能完成，我们既不能根据他的能力来启发与指导，又不能对他身上表现出来的问题加以矫正，也是学习力差的主要原因。

常听说应试教育与高分低能，其实这里面有许多的误解，因为素质的提升与成绩密不可分，现在做些剖析：

素质是一个综合性概念，是对成长情况的一个反映。完全脱离生活的教育教学容易给人一种误解，认为成绩与素质没有多少关系，原因在于成绩与素质、成绩与活动之间存在脱节，存在看似与成绩不相关的能力，如：

▲一个学绘画的孩子，他如果能一两个小时坐在那里画一幅画，即便画得不好，也表明他拥有一个可贵的品质——耐心，如果能做到这一点，他当然也能专心致志地用一两个小时完成书面作业。你能说耐心与取得学习成绩没有关系？

▲学游泳的孩子仅仅是为了玩耍而进行游游活动。只要经过一段时间的锻炼，他的心脏、肌肉的耐力也必然强健，他的体育成绩也必然好。你能说，他良好的体质与这项爱好没有关系？

▲经过劳动锻炼的孩子，尤其是经过制作性锻炼的孩子，他除了有耐力，而且会检查做得怎样，有较强的质量意识，这个品质必然会迁移到学习及作业上，能保证作业质量，也必然保证考试成绩了。你能说劳动锻炼与学习成绩没有关系？

如此等等。

由此看来，素质与成绩不是截然分开的。说成绩是能力的体现虽然不全面，但具有正相关性。在人的能力因素中，只有那些对学习成绩起相当重要作用的知识、体验和能力，我们才称之为学习力。

素质的提升需要一个长期积累的过程，是一个概括性极强的概念，与综合性成绩相似。如果沿素质推至学习情况或由学习成绩推至孩子的基本能力，从而明确能力与素质的关系，使我们的努力沿着更有利于其健康的方向发展。因为人所处环境的差异，爱好与特长不同，目前还不能给出一个成长公式，但培养一些基本能力却是可行的目标。为更轻松解决这个问题，逆推是一个必不可少的方式。

学习力差的孩子，学习成绩差的孩子，我们都能从他身上找到某些欠缺，那就慢慢更正，一样一样来。这可能需要很长时间的训练，需要师长更多的关心与指导，才能把欠缺的课程补上。比如，为解一个有一定难度的理科题，他做不出来，可能是缺乏足够的耐心去探索——既不会探索，也缺乏足够耐心。还有一种情况是对相应对象缺乏深入的认识，他对相应对象一无所知或知之甚少，比如要解决一个立体几何问题，这可能是由实物简化而来，而他对这个模型缺乏认识，大脑中没有一个立体概念，于是成了一个难题。或者说缺乏一个相关的实践教程，从而学习困难。

有些孩子的水准高，或优秀学生的缺点可能不那么明显，但仍存在比上不足，比下有余，需要更上层楼的情况。这就需要对他身上存在的问题进行深入分析，站在更高层次去要求他。

找到不足是一方面，更重要的是一步步赶上来。平时所说的能力是一个综合能力，不是分类，或者说对问题的认识还不是那么细致。有些能力也许很普通，但对以后的发展至关重要，是学习力的重要因素。孩子身上的不足至少不能成为以后发展的障碍，或学习的障碍，因为在他身上存在许多工具性能力，如对文字良好的理解力、观察力及表达力，如果缺乏，必然影响以后的发展。

　　有些习惯、能力需要较长时间的训练才能获得，如危机意识、竞争意识等，即便有切实可行的训练步骤，也需要花大力气才能完成，如语言能力、书写能力、生活习惯、体质的培养等都是长期渐进的过程。孩子接受新鲜事物的能力可能不是那么强，也缺乏自觉性、主动性与持久性。积重难返，这就需要更多关心、指导与要求，才能逐步地赶上来。

　　孩子往往意识不到自身在学习中存在的问题，这需要师长去完成。比如性格内向的学生往往交际能力差、表达力弱，需要较长时间的努力才能提高上来。在教育上出现偏差，多数情况是我们的眼光没有那么长远或在指导孩子方面缺乏分寸，但把期望全寄托于学校是很不现实的，因为教育教学如同一条生产线，到哪个环节就进行哪个操作，即便在有些环节上脱离了实际或进展不佳，也往往没有机会弥补了。这就需要家长考虑这个问题。因为不懂这些，有些家长请家教、开小灶，孩子的成绩依然没有多少起色，每况愈下的状况仍然难以改变。学习力跟不上学习需要，多是由于教育的杂乱无章。

　　提高学习力，该做什么？更多是观念的问题。如有些家长不希望孩子将来做体力活，不希望培养抗镢头的农民，所以许多的劳动机会被浪费了。家长不希望孩子永远是孩子，所以对许多的游戏、锻炼总是视而不见。

　　现代社会，工作的分工非常精细，一个人在单位里可能做些很具体的工作，或只是很小的一个环节，你让我们引导孩子去种庄稼、做木工？因为看不到对提高学习成绩有什么帮助，对他未来的成才有什么帮助，对他从事相关工作有什么帮助，所以就消极应付。事实完全不是这么回事，或者说你可能期望孩子成为一个脑力劳动者，如教师或医生，但我们现在还不提倡他进行专业化发展。我们的意图是培养他的质量意识与产品意识，了解这个生产过程，并在这个过程中培养智力、体力、耐心与语言能力，如果把这些工作仅仅看成是谋生技能，真是太肤浅了！如果这个技能可以谋生，当然更好，如仅仅作为一种锻炼也是很不错的。

在孩子成长的诸要素中，有一个是最为公平、宝贵、迫切的问题——时间。做任何事情都需要时间，可时间对每个人都是一样的，如何合理地利用时间、分配时间是教育研究的一个课题。

人的生活丰富多彩，涉及的因素很多。如果希望孩子优秀，那就少在纯消遣性的活动上浪费时间，拿出更多时间用在能提升其价值的学习、活动上。遵从于理性，进行更有意义的活动。

成绩是一点点取得的，如果孩子的自觉性、主动性、意志力比较强，就容易改变，如果比较差就需要父母长期的指导与监督，习惯养成可能需要较长时间，孩子可能认识不足、缺乏兴趣而放松自我要求。坚持不懈地要求与训练也是意志力提升的过程，有人说，关键是坚持三个月，当有了好习惯后，如能不断体验成绩的提升，自然就信心满满了。

木桶理论

一个木桶能盛多少水，并不取决于最长的那块木板，而是取决于最短的那块木板。这虽然给我们多样的启发，但这在教育儿童上也是适用的：孩子发展得怎样，取决于最差的那种方案。

孩子小的时候，眼光还没有那么长远，他的理性还不够强大，他总是选择对他最有利的方案：谁让他高兴他就喜欢谁，愿意和谁在一起；谁的风格最贴近自己就喜欢谁，但这个可能仅仅是舒服或者好玩。这可能背离了教育的宗旨。因为他还小，完全没有从成才的角度去考虑问题，选择对自己最有利的方案。

儿童都有寻求安逸、寻求帮助的本能——满足他的需要只需一位家长就行，而拒绝他的要求则需要所有家庭成员的配合。这就是家庭教育不成功的一个原因，因为家庭成员的认识存在很大差别，而讨好孩子则可能成为时尚。

教育原则的一贯性是成功学法则，但由于人所处角度的不同及教育理念的差别，出现了打架现象：人都有惰性，有追求安逸舒适的本能，"衣来伸手，饭来张口"这完全符合人的本能所需，在年幼的孩子身上表现得尤为突出。但从教育的角度来说又完全背离了孩子的成长需求，因为他有独立的需要，我们对他有成才的期待，而这就需要锻炼与磨砺，是与本性相矛盾的。这似乎并不矛盾，但在这个问题上出现了许多的分歧。最为常见的是一家人为讨好孩子，宝宝渴了怎么办？冷了热了怎么办？天冷了不要出门，天热了就待在有空调的房间里，如此等等。如果孩子年龄尚小，需要大人照顾，自然无可非议，但逐渐长大，当进行家务劳动，如刷碗、洗衣服等变得容易的时候，还因为惰性而产生矛盾的时候，遵从什么样的法则就是另一回事了。

孩子有欲望与理性，存在锻炼成长的需求，这与享受安逸及受照顾相矛盾。如过分满足孩子安逸舒适的本能，则不断消磨他的意志、欲望。有时在满足孩子这些欲望的同时，便与锻炼孩子背道而驰。"风雨无阻"也是一个战胜困难的过程，如果过分注重舒适则失去了锻炼的机会。

这样，父母或老师都有为难的时候——在孩子不愿劳动的时候，有些人为讨好他而代劳，甚至爷爷奶奶也来帮忙，这就产生一些矛盾。更重要的，当孩子犯了错误的时候，不管是家长还是教师，可能要实施一定的惩戒，这时更要理性，明是非。除了不当惩罚与过分惩罚外，对孩子包庇与对老师的苛责，可能产生严重的后果，而良好的沟通，达成共识是多么重要！由于这超出了本专题的探讨范围，不得不到此为止。

有人说，这是教育中存在问题，你可以快乐教育、寓教于乐啊！确实，我们要反思，是否传授的内容对孩子来说难度太大了？但有时，即便你降低了难度，许多活动也未必就合他心意，如洗衣服等家务，做枯燥的数学题。还有些情况是迎难而上的，如在夏天，顶着炎炎烈日去锻炼，可能是许多人不情愿的，是否等到太阳落山？在冬天，迎着凛冽的寒风，甚至天上飘着雪花的时候，是否需要开展赏雪、玩雪等活动？

良好的家庭教育是始终如一的。家庭的教育观虽说见仁见智，但在孩子还小，在他还缺少足够的理性与意志力的时候，许多是"不太情愿从事的活动"，比如刷碗、拖地等体力劳动，有时候是可干可不干的，还有些是在家长的要求下才干的。在他还没法理解这番努力的意义与必要性的时候，家长的要求就显得至关重要，这时家长的榜样作用与督促又是多么重要！如果能养成习惯，可能觉得简单自然，如果"都是逼的"，一旦离开要求与监督，就可能立即停止了。所以一以贯之的要求至关重要，不要因为有客人或天气不好就随便地放弃该有的活动。在锻炼的问题上，周围不乏学习的榜样，如工人上班的时候，可能面临严寒、酷暑，但想想他们的使命、人生目标或生活所需，就不得不风雨无阻了。

家庭成员及教师的受教育程度有别，教育理念就存在差别。在要求孩子做家务的问题上，就存在轻重的问题；在孩子学习、活动的问题上存在差异等等，而这需要我们提供条件，督促与鼓励，至少拿出相当的时间进行帮助与督促。良好的学习习惯、劳动习惯是逐步养成的。孩子开始没有耐心，学一会儿就可能累了，于是分神或想放松一下，这种情况只需再坚持一会儿就成了，此时家长的督促就显得重要。许多活动，一天做下来还不够，重要的是长期坚持，只要坚持三个月甚至更长的时间才能养成习惯。

家庭成员角色不同也会成为一个障碍。因为爱孩子就放弃原则？为讨好他就放弃或违背教育的规则？讨好他比教育他更容易被孩子接受，这也是需要注意的一点。

优秀儿童

优秀是什么？成绩好？乖巧？不乱说话？都不是，至少不全面。这只能说是一个期望或评价目标，在这个目标的背后，是良好的教养与训练，是能否取得优秀成绩的关键。了解这个，然后才有一个可行的目标与方式，也是正常现象。由此推导出孩子教育方面的欠缺，也是一个逆向工程。从优秀儿童到杰出人才是一个过渡，了解这个并以此为参考进行培养，将使孩子的成长之路更为顺畅。对于儿童，如果不易看到实现这个目标，不知在目前的环境下如何制订切实可行的成长目标，不懂如何从小目标开启他的启蒙之路，那么向这个目标努力就是方向。实现这些目标是在平凡朴素的努力中实现的，有多么朴素？比如苏联的英雄朱可夫，从小就当学徒工，做鞋匠，这是一个很平凡的工作，但劳动确实培养人、塑造人，使人成熟，变得有耐心与理性。当然还有许多成功的例子，在此强调的是优秀不唯读书，孩子的成才离不开实践与在生活中的学习，本书所强调的是实践活动对成长的作用。

在教育问题上，如果表现出崇洋媚外、迷信科学或权威，甚至迷信专家、状元等，正表明对这个问题还懵懂无知。关于什么是优秀也不能仅列几条标准，更不能以美国人的标准为标准，这种过于简单的标准时常害人不浅，是缺乏思想的表现。话又说回来，好思想好准则，可以借鉴或作为参考，用一下也无妨。我们常听到周围有家长发牢骚："这孩子一点都不听话""这孩子怎么就不能像某某一样乖乖呢"，等等，大多数人都把"听话"作为评判一个孩子是不是好孩子的标准。在父母的这种训导和应试教育的双重"枷锁"下，造就出了一批高分低能的"优秀"孩子，许多资料和事例都告诉我们这样一个信息，西方人尤其是美国人的教育水准相对高些，值得借鉴，那么，美国人对于优秀儿童的评判标准是什么呢？以下资料可供参考：

1. 知识和技能：能够适当应用技巧和知识解决具体问题。

2. 注意力集中：能在一段时间里对一个问题集中注意力来求得解决的办法。（专注的品质）

3. 坚韧不拔：能把指定的任务作为重要目标，用急切的心情去努力完成它。

（有耐力，不浅尝辄止）

4. 反应良好：容易受到启发，对成人的建议和提问能做出积极的反应。

（语言能力，如沟通能力）

5. 理智的好奇心：从解答问题中得到满足，并且能够自己提出新问题。

6. 对挑战的反应：乐意处理比较困难的问题，喜欢进行争论。

7. 敏感：具有超过年龄的灵敏性和敏锐的观察力。

（给孩子以思考的空间，如批判性思维、独立性思维）

看看别人是怎么教育和引导孩子的，再回头看看我们的教育方式，您是否发现，我们可能管得太多，给孩子尝试、创造及实践的机会太少了？这需要付出，而且需要在漫长的成长过程中不遗余力地培养，不是一朝一夕所能实现的目标。

挽救越学越傻的孩子

孩子的年龄在不断增长，学习的难度越来越大，如果在他身上体现出来的能力没有跟上年龄的增长，如这一年龄段应有的交际能力并没有因为学习而提高，实践能力也没有因学习而长进，即便不断努力成绩也没有多少进步，甚至在不断下滑，当这些情况明显暴露出来的时候说明问题已经很严重了。即所谓的书呆子，越学越傻了。原因分析：

▲在脱离应用的环境下，过多的指示性教育必然导致学生不能够学以致用，知道不少却难以派上用场。

▲没有学习生活，如自理与交际，所以与周围的人生疏了，与生活常识生疏了。

▲到了相应的年龄却没有该年龄段的生活知识及相应技巧：如维修、自理、交际技巧及急救常识等。或者说，到了相应的年纪却没有相应能力的表现，而所学知识又大多缺乏应用场景，没有表现出这个年龄段应有的能力。

▲自我封闭：尤其对性格内向的孩子来说，这是很危险的，体现在过多地从事电子类活动，如看手机、上网、玩游戏。有家长说，把我们当成了空气。

家长及教师在抱怨孩子成绩下滑的同时，却没有从更深层次寻找原因。把自己在教育方面的过失归咎于孩子——不够努力或笨，而孩子则委屈地认为"我已经尽力了"。

孩子在需要指导的时候，他的老师或家长却浑然不知，既意识不到问题的严重，更没有给予帮助或提供有力的指导！既没有让他学习生活，也没有教他在生活中学习！更没有让他学习思考，学会自我完善与探索！

如果出现这种情况，我们不得不反思一下了：学校教育脱离了生活实践，单纯的指示性教育必然产生一个缺陷：没有学以致用。什么都懂，什么都一知半解，不能深入。如果孩子缺乏生活、生产的认知，那么所学的知识就会悬浮，认知就会脱离实际。因为没有交际能力的提升与训练，与人的交往会变得生疏。自认为知道不少，但所学的那点知识还派不上用场，或学习力没有跟上所学知识的需要，导致成绩越来越差。

实践能力在任何时候都是需要的，但学校所能提供的实践机会实在太少了。孩子在年幼时不会交际、不懂生活，我们可能不当回事。因为年幼，缺乏对生活的认识，缺乏足够的锻炼，但等到年龄已大，发现欠缺的时候，已错过了很多锻炼的机会，因而有了不全面的教育与不均衡的发展。

劳动技能、语言技能、交际能力都是在实践中培养的。这样说可能有些生硬，因为有劳动，所以有了交流的需要，有了语言的锻炼。做事有耐心也只有在劳动中培养！所以我们需要考虑下面这些问题了：

没有"玩"的经历，缺乏在生活中学习的能力，缺乏通过交际、沟通学习的习惯——知道不少，但大脑只是个知识的存储器，语言能力的缺失导致应有的交际能力的欠缺，还有对相应问题认识的欠缺，孩子有许多的想法但严重脱离实际，没有常人那样现实的思维！

能力并没有随年龄的增长而增长，甚至引发了脱离实际生活的胡思乱想。有的孩子以身体素质强为傲，有孩子以表达能力强为荣，还有一部分孩子以考试成绩优秀为荣——把这几种能力截然分开的观点是不正确的，我们需要孩子全面发展，在某方面刚刚露出苗头的时候，就需要加以纠正了。也就是说，孩子在努力学习的时候，还需要一些重要因素的培养，如：

1. 应答能力。缺乏相应年龄段的沟通能力，即缺乏对相关问题认知的广度与深度——生活、劳动、人际交往、表达等。

2. 合作能力。合作能力主要在劳动学习中培养，但他根本就没有劳动的机会啊！而在缺乏交流沟通情况下的学习能力也同样难以培养。

3. 行动能力。缺乏强健的体魄，即便身体健康，也需要耐力及执行能力。即便不打算让孩子成为运动健将，至少让其身体健康。缺乏行动能力的另一个表现是眼高手低——实践能力太差，不知道做一件事情的艰难性与复杂性。

4. 缺乏自我完善的能力。学习就是一个反思与完善的过程，仅仅知道是不够的，关键还在于弥补自己的不足！学习需要不断反思与总结，如同照镜子正衣冠那样，这需要从自理开始，从检查自己的作业开始，从发现自身存在的不足开始。

5. 缺乏学习的能力及学习生活的能力——因为科技已渗透到生活的方方面面，在生活中学习也需要一个渐进的过程。随着时间的推移，他的学习能力并没有跟上，家长还希望老师一对一，事无巨细的指导显得脱离实际。

6. 没有钻研精神，遇到稍微难一点的问题就束手无策，没有耐心去探索和思考，没有持久精神。

7. 没有严谨的态度——"学过就明白了"，但即便老师苦口婆心地教，他却不能总结、没有主动学习的态度。

家长因为工作繁忙，可能没有时间教孩子学习日常生活的技巧，仅仅提要求与标准还不够，因为孩子缺乏耐心，缺乏纪律意识与质量意识，更缺乏训练等，这不是提提要求就能解决的。

写到这里，通过对学习力的探讨，我们越来越感到教育者的责任了：每一项失败的教育都需要我们反思，把这个责任推给未成年的孩子是极为不妥的。

第三章 对决

因为在地下待得太久
所以喜欢攀上高枝
因为一直保持沉默
所以总是引吭高歌

这是对一种常见昆虫的描述，有在沉默中爆发的意思。

对于孩子成才，那种过于狭隘的"捷径"是不存在的，寻求一种好的方法，少走弯路就是捷径，但这同样需要付出。科学的设计可以少走弯路，这就是研究教育的目的了。

进行学习力培养的目的就为孩子在未来的竞争中获得优势，在相同的时间内让其发展得更好，这是更全面、长远的考虑，让孩子顺利成才是为人梯者永恒的使命！为让其轻轻松松地升学与就业，就需要我们对人才的成长机制进行研究。不管怎样，让孩子获得一个科学的学习方法，让其成才之路尽量平坦，这应当是家长与教师共同的心愿。在孩子成才之路上，还有许多问题要考虑，本章将对涉及的问题做延伸性探讨。

为什么升学竞争如此激烈？生存法则或优胜劣汰说白了就是人多，指标少。好的学校、专业就那么多，而好的工作岗位同样有限。这是客观存在的竞争环境决定的，比如学生们都向往的两所名牌大学，2020年在山东有近六十万考生报考，而名牌大学只招收二百多人，这就是现实。即便想进入次一点的高校，也面临残酷的竞争，这是每一位家长、学生都深有体会的。升学竞争已成了世界上最为激烈的竞争，而高考成绩成了录取的决定性因素。这虽然有些残酷，但社会发展中的优胜劣汰是永恒的法则！在这种情况下，仅有超强的努力还不够，还需要种种机遇，但如何提高孩子的学习能力，提高成绩，才是应当加以研究的。

通过对学习力的探讨使我们认识到，作为第一任教师的家长最重要的不是教给他知识，而是在现行教育模式下，打造一个适应学校学习生活的学生。让孩子适应这个环境，能快速掌握知识，能在相同学习时间里取得更好的成绩。有竞争才有活力，能在竞争中胜出是多少家长绞尽脑汁所考虑的问题。

人才来自教育，教育科学的发展与完善是关键，过于残酷的竞争使人难以静下心来思考，严格的管束使家长的意志得以更好贯彻，如果这种培养符合科学规律，又是孩子成长所需，那将取得极好的效果。

考试往往与竞争、选拔联系在一起，这是不言自明的问题，所以即便非常优秀的学生在激烈竞争面前也不得不变得更加优秀！不进则退，因为你们在竞争，这是丛林法则的另一种形式。固然，竞争激烈也是适者生存的一种体现，我们对此要有充分的认识，及早准备，未来属于准备充分的竞技者。

好中选优也是社会发展的需要，永远不要满足现状，要不断进取，这没有什么好说的，但必须记住，只有优秀才会得到垂青，这要求众多学子在劳动、交际、作业等方面严格要求自己，再接再厉，毫不松懈，抓住任何有利于成才与锻炼的机会。

每一次晋级都会有人被淘汰，每一次机会都会有更多人在争夺——这就是危机，竞争意识即危机意识。现在的孩子因为生活条件好了，无忧无虑惯了，于是就变得懒散，缺乏理想、意志与拼搏精神。其实这是很大的一个问题，因为没有想好将来做什么。竞争是无处不在的，想考进一所理想的院校就需要进行一番努力，在众多竞争对手中胜出。把问题估计得充分些，才能顺利过关。研究这个专题的目的就是寻求一个正确的学习方法，寻求一个健康的成才理念，以解决学习效率低下、片面追求升学率的问题，促进良性竞争。

不管怎么样，提高孩子的素质与成绩是当务之急！现在需要理顺提高素质与提高成绩的关系，努力学习与科学方法之间的关系，以及培养学习力落实在哪些方面的问题。我们可能对孩子成长中的问题思考不多，但有些问题却需要学习与思考。因为人的成长之路漫长，需要什么样的能力、技巧，如何茁壮成长是一个复杂的过程，如同秋天来了，我们到农村去，看到金灿灿的庄稼，满园飘香的果实，但一年才有一季，要熬过漫漫冬天，繁忙的春天与炎热的夏天，而这是农民一年里通过播种、浇水、施肥、除草才有的收获。一个人的成功绝不是伯乐一句"我看好你"就能成的，最重要的还得依靠自己。

一个人的成就大小往往受到种种资源的限制，三分靠运气，七分靠打拼。有人说，这个世界只要你不去争，没人会让你；只要你不去闯，没人会服你；只要你不努力，没人会给你——

除了父母，但父母不可能陪你一辈子！所以，靠天靠地不如靠自己。我们的孩子虽然无法重复人家的轨迹，但满足人成才的规律，满足科学发展的逻辑总是好的。

把事情做到极致

学习力差的孩子很少体验到成功的快乐，也缺乏耐心、自信、严谨性及钻研精神，并且难以在竞技性活动中取得优势，怎么办？可从做好一件事情作为突破口。

孩子的时间有限，可选的活动有很多，包括艺术性、运动性或技能性活动，如钢琴、绘画等，虽不能样样去做，但根据自身情况，拿出相当时间进行练习才能有所收获，这也许需要一年甚至更长时间的学习。有人认为这是在条件允许的情况下发展特长，还有人认为是在培养艺术品质。家长可能没有多少艺术细胞，这并不重要，我们所提倡的是一种追求精神！在孩子学习的闲暇时间，拿出一部分时间做自己喜欢的，有助于成长的事情。只要条件允许，当把一件事情做得有声有色的时候，将收获成功与自信，这是新的起点！

孩子没有喜欢的活动，不喜欢动怎么办？其实只要注重培养都会有的。一种情况是受到同伴的影响，受到媒体的影响；另一种情况是寻求快乐与探索的需要。这是初级冲动，一旦产生就要创造条件或鼓励其发展下去。简单的事重复做，熟能生巧，也会有不一样的体验。翻来覆去做一件事，才能体验做事的精细，高质量与水准。什么才是自己最喜欢做的事情？丁肇中先生说过一句话，一件事情，你只要多花一点力气就会做得比别人好，你就会喜欢上这件事。这就是你应该喜欢的事情。漫画大师蔡志忠先生也说过，选择自己最喜欢的事，把它做到极致，才是人生最大的快乐。

在这一年龄段，我们不图他定向发展，更不是为谋生。运动技能、音乐技能只是与环境、爱好结合在一起的锻炼项目。唤起孩子努力的欲望，包括寻求老师的赞美与发现进步。尽管这仅仅是学习！比孩子还孩子的家长，只是为了陪伴他，做他的榜样，提高他的积极性，获得更多体验，而打消孩子兴趣的方法实在太过简单了，如"天气不好"（别出去），"就这样了"，或在家中寻求安逸。

现在是训练，仅仅是作为未来的能力。在人的一生中，决定一个人高度的不是天分，也不是运气，而是严格的自律和高强度的付出，是把一件事做到极致的能力。在生活、制作、艺术或技能上，把一件事情做到极致，说白了就是朝着心中的最高目标不断努力，不达目的决不罢休，无论是花十年、二十年乃至一生——这正是我们所期望的工匠精神。

成功的秘密并不是秘密，而是坚持不懈。练习的事情也许简单，把简单的事情重复做，重复做的事情用心做，做好就是成功。把一件事情做到极致，才有可能在激烈的竞争中脱颖而出，成为人生赢家。

无论眼界多高，无论梦想和愿望多么远大，现实中最需要做的就是每一天都要竭尽全力，重复简单的工作，把它们做到最好。成功的人、有拿得出手才艺的人，总是喜欢把事情做到极致。在中国历史上也有一些类似的故事，如康肃公善于射箭，当时没有第二个人能与他的射箭本领相媲美，他经常凭借这个本领自夸。一次康肃公在园圃里射箭，一个卖油的老翁放下担子观看，老翁看到他射十箭只中了八九次，只是微微点点头。康肃公问他："难道我的箭法不精湛吗？难道你射箭的本领比我还高明？"卖油翁说他的箭法没有多么精湛，只不过手法熟练罢了。于是老翁拿出一个葫芦放在地上，把一枚铜钱盖在葫芦口上，慢慢把油倒入葫芦里，油从铜钱孔中慢慢注入葫芦里，而铜钱孔却没有沾到油。

《卖油翁》的故事说明了只要把简单的事情重复做，就能把事情做到极致。"只要功夫深，铁杵磨成针"——这是古人熟能生巧的例子，不必模仿但值得借鉴。对于我们的孩子，有许多简单可行且有意义的事情去做，如整理家务、制作、绘画、弹钢琴、唱歌，在运动方面如舞蹈、跑步等，只要坚持做，做好了即成为特长。这些活动，没有任何一门技术是随随便便就能学成的，每一份娴熟的背后都藏着恒久的坚持！

我们把打造完美产品作为自己的目标，全心投入，追求极致，这就是成功的秘诀。鼓励孩子确定一个目标，一直重复同样的事情以求精进，把眼前的事情做好，你就会发现下一刻的美好竟自然而然地来了——成功、娴熟表现的技法及自信的体验。就像打井一样，认定一个位置就深挖下去，挖得越深水就越清澈。

提出这一问题，并不是想让读者把孩子培养成什么专家，而是说，有些项目需要花费很大的气力进行练习再练习，想方设法把某些活动做出水平，才能体验到成功的快乐，并在这个成功过程当中获得快乐与自信，在实践中成熟的过程，也是获得人生体验的过程。

其实，并没有各个领域都精通的高手，要想成为专家，很多时候优秀和平庸的差距，就在于你有没有专注于目标并坚持下去，专心致志于眼前某一项工作，这是砥砺人格的最重要、最有效的方法。通过每日的精进，精神自然得到磨炼，进而形成厚德载物的人格。学习力差的孩子、缺乏自信的孩子、很少取得成功的孩子，多加鼓励，培养其自信、自尊，并激发他的热情，从而获得更多成功的体验。古人云："专注者，能成大事也。"

许多人成功的原因，就是一生专注于一件事，并把它做到极致。排除一切无关干扰，专注地投入其中，他的成功概率将以指数方式增长。做到极致，对于孩子只是一个目标，能在某一方面达到较高水平就可以体验成功的乐趣。经过锻炼，拥有某一专长，做到娴熟就可赢得掌声、获得快乐与自信。学习力差的孩子，说白了，就是因为没有坚持做平凡的事情——许多事情我们并不是天生喜欢去做，比如打扫卫生、洗衣服等，如果去做了，看到自己努力的成果或劳作的收获，这种努力就没有白费。进行这样的练习确实需要很多的时间，也许需要几个月甚至几年，这需要家长的配合、鼓励与指导。

我们所推崇的许多活动，更多是从孩子长远发展考虑的，如陶艺、折纸、滑板之类的，也并不要求孩子成年累月地去做，而是到相应年龄能做得比较好，培养相关能力和自信就可以了。这一建议真正的目标不是让他过早定向，也不是让他创造财富，而是进行多方面的训练，包括：

1. 质量意识，做事需要一个质量标准，能做得娴熟，做得美观，而不是想象中的那样。

我们要求孩子做这个或那个，在他应付或做得质量很差时，往往因为缺乏质量意识，自我要求低，或技术不够，但只要继续努力就可能做得更好。

2. 耐心。反复做一件事情，不断提高技术与质量，耐心就是在这个过程中培养的。

3. 启蒙。技术与语言能力是在实践中培养的，让孩子反复做一件事情，逐渐深入进去，才能有更多的反思与体验，有符合实际的第一手认识。

体验得多了才有总结与迁移能力。之所以强调这一点，是因为在我们的教育与指导中，很少下大气力让孩子实践，孩子亲身体验的实在太少了，不管是制作还是实验操作都是模仿，孩子很难、也很少体验。

反复做他喜欢的活动，如果能成为一项特长，那将体验到成功的快乐。人生最重要的是认识自己，跟随自己的内心。《孙子兵法》中说："求其上，得其中；求其中，得其下；求其下，必败。"

有人做成一件事可能需要一辈子，但也有一些人付出了很大精力去做一件事，等到水平有了，经验有了，往往发现这并不能成为人生的支柱。因而我们还不要求他定向，即便有些活动能达到较高水平，中学阶段的任务仍然是学习。许多活动只能是某一方面的锻炼，不可能成为人生的支柱。一项爱好或特长可能持续一辈子，但现在只是为了孩子的成长，当这一特长发挥到极致的时候就要考虑兴趣的转移，因为成长仍是第一位的。

家长即便不能与孩子同行，但做孩子的领路人是第一位的。中小学是成长的关键期，发展音乐、舞蹈等技能确有必要，越早培养效果越好，因为这些活动能培养孩子的自信、运动技能，随着年龄的增长得以强化，并转变为学习力的组成部分。

第一不是最重要的

在重点学校的竞争十分激烈，孩子心理压力大，只有一环扣一环地努力表现自己，才不至于在层层选拔中败北。但这就出现一个问题，孩子难以静下心来，拿出更多时间、精力发展自己的特长，反而降低了创新能力。

人的成长潜力巨大，考试成绩一时不理想并不代表将来怎么样。学习基础知识，能达到一定程度，或所学不妨碍以后发展就可以了。要求第一，甚至项项第一，必然耽误许多活动。过于激烈的竞争，刻意去做好每一件事，许多的活动不得不放弃了，这就不利于全面均衡发展。诸葛亮在《诫子书》中提出"宁静致远"的建议，夫君子之行，静以修身，俭以养德。非淡泊无以明志，非宁静无以致远。意思是，君子的行为操守，用宁静来提高自身的修养，以节俭来培养自己的品德。不恬静寡欲无法明确志向，不排除外来干扰无法达到远大目标。

争强好胜，为保持某些优势，过于重视眼前的阶段性优势，这在教育探索方面是极不合适的。可能违背了成长规律，或违背了探索规律。搞短平快，临阵磨枪，甚至心慌气短，怎能静下心来完善自己，弥补不足？认识到不足并下大力气加以弥补是正确的，但在竞争激烈，或面临大考的时候，也只有临阵磨枪，怎会顾及更基础的东西？

社会竞争压力大，学生不努力就没有好出路。状元只能证明各门学科知识掌握得比较扎实，当众人对状元变得平凡而感到奇怪时，就该反思戴有色眼镜看待状元的问题了——本该平凡的孩子你没有用正确的心态去对待。

教育者会考虑，掌握知识到一定程度即可，并不需要门门精进——状元仍是美好的字眼，众望所归。又说行行出状元，人生的角力不在于一时一事，而在于平凡中显现伟大，对每一个人都是如此。对于学生，你所学的是中学阶段的知识，所能达到的是在这一阶段应具有的能力，即便不是状元，也没什么。有人问，追求第一有错吗？不好吗？没错，考试成绩第一被称为状元；体育成绩第一被称为冠军，如此等等。如果某一学科取得冠军，那恭喜，孩子！成功的体验与喜悦自不必说。在很多情况下，即便不能成为状元也没什么，只要不影响以后的发展就可以了。如果孩子还没有什么特长，没法体验成功的快乐，那你在他身边树立个典型，树立他学习的目标！如果样样都不如人，那就和过去比，与差不多的伙伴比，只要发现有进步，及时鼓励，领头人的快乐体验及优越感自然不用说了。

为了不让孩子输在起跑线上，有些家长希望孩子项项争第一，这也没错。但追求第一有时是一个肤浅的认识，因为孩子有很多重要的事情要做，许多知识需要学习，全面均衡发展才是首先考虑的话题，如过度追求则是对孩子的误导。孩子要学的知识、技能很多，实在是没有时间去样样争第一的。我时常反思许多项目，比如足球运动，有许多孩子从小就开始踢足球，可连国家队都进不去啊！再如让孩子练习乒乓球，当在学校或乡镇无敌的时候，就认为技术娴熟了，但到了一个地区可能排不上号！难道非要不计代价地去争毫无希望的第一吗？没必要，是否第一并不重要，因为我们训练的目的仅仅作为他成长的阶梯！掌握这个原则更为重要。

样样追求第一也是偏差，因为这不可能。不是第一不好，而是让孩子全面发展更为重要，在很多情况下不需要拿出很多时间去争那个意义不大的第一。为解决这个问题，教育界给出了"合理性评价"，如对中小学生的评价中，有好、优、中等标准。虽然分数高低重要，但我们只是大致划分就行，如85分以上算优，达到这个标准就行了，这不需要更多的努力与付出，因为孩子还有许多事情要做，为了多得几分，他可能需要拿出很多时间去练习，甚至去上辅导班。其实这些额外的价值可能不高，当时间利用率变低时，不如放在其他更有价值的训练上。

当竞争过于激烈，对冠军存在非理性看法时，弱化冠军宣传会使教育走向理性。比如在孩子的学习过程中，要经历许许多多的小项目、小技能，如果在某些小项目上去追求第一的话，可能要花费数倍的时间、精力才可能获得，是否划得来？再如孩子优先学什么？哪些是第一位的？小学生考双百是很常见的，如果孩子没有实现这个目标，是否再花一些时间去实现这个目标？

有家长问：把文化课搞上去有错吗？当然没有错，但很多时候把时间白白浪费了，因为知识掌握到一定程度就很难精进了，而且作为基础知识，能达到优秀就够了，能满足以后的学习需要就可以，而许多家长或老师却希望获得双百，孩子就需要额外花费很多的时间。孩子有许多知识需要学习，许多能力需要锻炼，不能以牺牲游戏、实践的机会去提高学习成绩。如果这样，最后的高度也会极大受限，因为孩子的精力、时间就那么多，到底应该做些什么？不去刻意追求第一仍是为综合实力的提升考虑，或为以后的发展做统筹考虑。考试是一方面，学习力是另一方面，在这个基础上，决定孩子未来的还有很多，毕竟在人的一生中，能否出类拔萃还会遇到许多的不确定因素。知名作家林清玄关于教育孩子，他说的下面这些话值得我们反思：

考7~17名的孩子最有出息：

我小时候读书成绩差，考试都考红字，就是考不到60分。有一年考试，我好不容易考了一个超过60分的成绩，很高兴，拿回家给我爸爸看，我爸爸正在吃饭，他放下碗哈哈大笑。哥哥姐姐很奇怪，考这么烂还笑，爸爸说这么多年来他一直在找一个接班人，现在终于找到了。我一听坏了，爸爸是农夫，向上三代都是农夫，我不要做农夫的，所以后来就努力读书。

我发现家长很在意成绩，都想让孩子考第一名。其实，现在世界精英都不是当年的尖子生，他们在班级的排名是第七名到第十七名。原因就是这些孩子人际关系更好，可以和第一名做朋友，也可以和最后一名做朋友，而且孩子压力小，生活更轻松，创意多。说到这里我真感动啊，终于找到自己成功的原因了，小时候我们那班只有17个人。

如果你的孩子是后几名，那就让他努力进到前17名里面。

唤醒内心的种子就是好孩子。根据孩子的特点来教育孩子，就是唤醒孩子内心的种子。好孩子是已唤醒内心种子的孩子，他们认识到了自我，坏孩子还没有唤醒种子，没认识到自我，还浑浑噩噩地活着。

我算是唤醒了内心种子的人，从小学三年级就立志做作家，小学开始每天写 500 字，中学写 1000 字，高中写 2000 字，大学写 3000 字，我一直坚持下来，现在已经出了 131 本书。

有个高一的学生，父亲是种凤梨的农民，要鉴定凤梨的甜度，每个凤梨敲 3 下，几年下来，父亲敲凤梨的手指肿得很粗大。学生很心疼父亲，就发明了一个可以敲三下鉴定凤梨甜度的机器，这个机器最后得到了英国发明奖的金奖。孩子不一定要成绩好，要看他对生命的理解。

回到我们的话题，一个最基本的要求是，现在的学习能力能满足以后学习的需要就行。一个经常考九十多分的孩子，如果继续努力，时间的利用率就会降低，有时几乎是白白浪费，现在就让出点时间发展其他更需要学习与锻炼的功课，科学的整体性设计才是最重要的。成绩只是一方面，过分注重成绩，只能靠放弃休息、相关活动来实现，即便一时提高了成绩也可能在以后的竞争中败下阵来。

探讨这个问题，实际上揭露了竞争之痛——过度竞争。不让孩子输在起跑线上的意思之一是在起跑前就开展了竞争式培养，但过度竞争，过度计较，对于自我完善极为不利，可能意味着前期努力的缺失与不自信。俗话说，磨刀不误砍柴工，静下心来思考一下，让孩子适应这个环境，做新时代的先锋，这是没有必要加以言明的。

升学竞争过于强烈，弱化竞争，也不可能从根本上解决问题，因为面临人口多的压力，而好的岗位只有佼佼者才能获得。竞争是个大环境的问题，我们所研究的是：

1. 寻求一个科学的成才途径，用较小的代价取得更好的成绩。

2. 孩子的成长历程中因缺乏有力的指导，尤其对成才与成绩缺乏认识，导致走了许多弯路甚至遭受许多挫折，而寻求简洁的成才途径更为重要。

确实，有竞争才有助于发展，但过于残酷的竞争就把人压垮了！因为如果竞争使人心慌气短，甚至把许多该做的事情耽误了是违背教育科学的——片面追求升学率、追求考试成绩，这在短期内是可以取得效果，毕竟比别人付出得多。又说，百年树人。意思是人才的培养是一个长期的过程，整天学习、背书、写作业，过于激烈的竞争，过大的生存压力，就把人压垮了——不敢越雷池一步，不敢远离一步，就难以按人的成长规律去发展。

取得好成绩需要全面发展，如果顾此失彼或把问题掩盖起来，早晚会暴露出来。本人所强调的努力是为以后的发展服务，即便不为一生，为高考，也需要十年甚至更长时间的努力。马克思提出了"德智体美劳全面发展"的目标，这有点大，操作起来有些难度，我们怎能包揽所有？那不现实，但不管学习负担多重，都要均衡发展，并拿出一部分时间进行学习力的训练，至少不影响以后的发展。你紧张、恐慌，想方设法让孩子"向更优秀的人看齐"，必然难以协调，甚至心慌气短。如果学习不那么紧张，那就拿出更多的时间进行基本功的练习，这才是真正的成才之路。

现在的孩子很可怜，小学一年级就知道考试成绩不好很丢人，平时不但要完成学校的作业，放学后还要上这个班那个班，本该无忧无虑玩的年龄，却承载了太多的压力，小小年纪失去了童年。在这种情况下，做父母的一定不要站在社会和学校的立场上，变本加厉给孩子施压，尽可能多给孩子一些光亮和温暖，让孩子多一些快乐才是真正爱孩子的父母！

在此强调的是，在孩子年幼阶段，学习任务还不那么重的时候，一定要拿出相当时间培养孩子的业余爱好，等到孩子上了高年级，学习压力重、竞争激烈的时候，就很难拿出大量的时间进行业余爱好了，因为"时间增值了"，因而及早锻炼就显得珍贵。

并不是所有孩子都能走上"幸福巅峰"的。事实上，付出同样青春代价的大多数孩子中途就被无情淘汰了，最后能够登上金字塔尖的寥寥无几！在孩子打基础的时候，发展基础是第一位的，基础越扎实，走得越远。

盖世武功

金庸小说里有不少武功，无论是《倚天屠龙记》《笑傲江湖》，还是《射雕英雄传》都有好多盖世武功，例如六脉神剑、降龙十八掌、乾坤大挪移、黯然销魂掌、独孤九剑、九阳神功、九阴真经、易筋经、葵花宝典等，那么问题就来了，这些功夫是真的吗？金庸的小说中，各种厉害的盖世武功，在历史上真实存在吗？英雄不是吹的，好汉不是装的，总有个原型吧？

侠客们克服贪嗔痴，学会忍辱是武学修炼中极为重要的关卡，而学习为道日损，修炼心性达到清静也是非常重要的。如何克服嗔心？如何为道日损？如何入静？

写到这里，聪明的读者早就看出破绽：一把剑，甚至一根打狗棒就能打遍天下无敌手？剑再厉害能比得上子弹？什么阵式没见过？糊弄谁呢？话不能这样说，任何功夫都有原型，比如有一个功夫是水上漂，从物理角度，以人的重量看，不管跑得多快都会落入水中，但有人用薄木板连接起来，做成浮桥样，然后快速跑过，因为惯性与浮力的缘故，只要跑得足够快，水上漂就练成了。

回到我们的话题，孩子不爱动，把闲暇时间白白浪费的情况实在太多了！本来生龙活虎的年纪，现在却老于世故，死气沉沉。也许是因为过多的消遣性活动或过多文化知识的学习，使孩子的运动量严重不足。这个问题要及早解决，不能等到高考临近，才发现身体虚弱，缺乏足够的耐力。到了当兵的年龄，又受不得累，吃不得苦，怎能成才？生活水平提高了，孩子的营养跟上了，但身体因缺乏足够的锻炼，"豆芽型"成长，远没达到应有的强壮。在网络普及后，上网成了主题，室外活动少之又少，我们又担心孩子的健康，如此等等。于是强身健体的话题又引起我们反思，至少有一个机会可以抓一下，那就是健身、习武！

在知识匮乏的年代，武打剧整整影响了一代人。武侠热的延续使我们震撼！拿着一根棍子或一把剑就可以打遍天下，成为盖世英雄！武艺超强的成龙、李小龙等又令多少人羡慕不已！于是我们的孩子就视其为英雄，甚至模仿，或仅仅为表现自己。

儿童为不切实际但对成长有益的目标而努力，能否水上漂，甚至草上飞并不重要，能否练成盖世武功更不必考虑，只要能培养孩子的自我意识、耐力就行。重要的是能唤起孩子内心的潜力，在我们的引导与支持下进行了实践与训练。

看到那些玩魔术的，那些以此来谋生的艺人，就有些人以破解魔术为乐。见招拆招，一切都不过如此——这是打击孩子积极性最有效的方法了，让孩子懒散、无所事事，甚至高傲的举措就是对许多事物进行贬低。我们确实都很平凡，所探讨、学习的内容都很普通，孩子也是从简单的对象开始学习，即便达不到，但可以给孩子一个美好的未来预期是没有错的——用善意的谎言塑造一个美好得令人神往的功夫境界，以便让孩子朝气蓬勃，满腔热忱地投入到学习活动中去。

由于这种活动是如此实际，而且容易看到成效，因而有必要探讨一番了。孩子不爱活动、体质差、身体瘦弱也许与中国人的保守观念有关——担心孩子的安全，因而把孩子关在家里；生怕溺水的危险，所以缺乏游泳的技能与锻炼；因家长忙于工作，户外活动少，也导致孩子缺乏足够的户外活动。或许与经济条件有关，经济状况不太好，缺乏足够的经济支撑等，但这是不需要经济付出的。

不管孩子有何种想法，即便有一个不切实际但可立马付诸行动的目标，并执着于这件事，会带给他十倍乃至一百倍的努力。只要他能在跑步、体操、武术等方面努力，必然导致运动技能的提升。这就需要很大的意志，甚至需要起早贪黑，克服严寒、酷暑，从内心激发起来的动力不正是我们所期望的吗？

有这样一个兴趣，暴露出不足或负面作用的时候，我们的引导才能再次发挥作用。这也是没有错的，因为过多的运动而影响学习的时候，我们才进行干预，进行监督与引导。之所以强调这一点，是因为看电视、玩手机、打电子游戏等活动极不利于身体发育，也是毁掉孩子前途的最佳方式。现在有了新的兴趣增长点，我们就好好保护吧！

研究教育与这些活动的目的就是让这些目标融于生活实践，让训练更为艺术，在玩与游戏当中得到锻炼。一个练书法、绘画的学童也未必最终在这方面有多少造诣，但如果喜欢，又在年轻的时候不断练习，则会成为一种特长，说不定在什么时候脱颖而出，甚至一鸣惊人。运动健身是一个长期的过程，一般也不作为终身目标，但不管哪种情况都要支持。

孩子有开阔视野、探索的欲望，有表现欲，有得到认可的愿望，有追求精神生活的愿望。这要求家长不要把享受生活作为一种时尚，而是应把个性发展作为一种追求。因而鼓励孩子做自己喜欢的活动，如登山、游泳或室外游戏等，只要他喜欢，能强身为什么不加以鼓励？只有当他的努力偏离学习较远的时候，才需要加以纠正，因为他的时间有限，对他爱好的支持在很大程度上是成长的需要、完善自我的需要，并非终生追求的目标。当在某一方面付出过多，许多活动被耽搁，或问题明显暴露出来的时候才给予干涉。纠正偏差是家长的责任所在。把孩子的积极性调动起来也许不难，但纠正不良倾向是你的职责，如果只是鼓动一番，不能履行后续职责的话，孩子就被误导了。

痴迷者的探索与学习并没有错，人生的路都要走一走——开阔视野的需要、探索的欲望，但事情一旦过了头就是愚昧，有些事是不可以做的，如做一个终南山上的"修行者"。我们不能这样引导孩子，甚至一个字也不会说！因为习武仅仅是一种锻炼！抱着极大的期望，所以有极大的付出！因为孩子看到成绩，体验到快乐，所以会更加努力！孩子充满着对外面世界的渴望，一个好的引导者就顺着这样的心路去探索，而不是压抑这种欲望。做孩子的良师益友或孩子王，在共同的探索中获得进步，鼓励他只需努力就能完成的锻炼。

希望孩子身体壮实，肌肉结实有力，行动灵活敏捷，只有在运动中才能实现！在他开始练习的时候大力支持，在他取得成绩的时候拍手叫好，在他炉火纯青的时候，如同登上山顶的时候，有了成就感，就可分享快乐。这时也到了转换兴趣的时候，因为他把过多的时间用在一个项目上，已背离了成长的轨迹，即俗话说的剑走偏锋。在体验到成功后，如果这项技能已经没有多少成功可体验了，就要放弃或加以引导，这时就不要再一味赞誉，而是引导他去寻找新的活动。尽管这些活动与文化课学习存在差别，但这对培养自信、耐力、强壮及吃苦耐劳的品质是必要的。

目标是否切合实际并不重要，重要的是美好预期能为提升自己而产生强大的动力！而这种付出能满足他健身强体的需要，也是培养意志、耐力的良药，这就够了。我们所考虑的：

▲有拿得出手的技能，使他获得更多锻炼的机会，更多交流、体验的机会。

▲大多数爱好、活动都要经历一个入门—精进—高潮—理性的过程。武术可以让孩子在生活中体验快乐、成功！

▲武术演变为特长：为了展示自我，实现自我价值而进行努力。行行出状元是一个广义的概念，也折射出状元的价值——技术第一、工艺第一、水平第一、效率第一等。延伸一下，技术专长——武术不仅仅体现在艺术专长，如果体现在科技专长上，制作、科研，如芯片制造、发动机制造等，不正是我们国家所期望的吗？可供孩子练习的内容很多，既有适合孩子成长的爱好，又能利用现有条件获得成功。

在这个问题上存在男女差别、环境差异的问题，如男孩子喜欢参加游泳、球类、武术、跑步等体育活动，女孩子更喜欢陶艺、钢琴、绘画等相对文静的活动，还有舞蹈、唱歌等，这是我们都知道的，也是家长所期望的。不过，有时技能本身可能不利于孩子的健康发展，在竞技中可能变味，比如跳绳很熟悉吧？而且对场地没有多少要求，也不需要更多的投入。每秒钟能跳四个，即每分钟跳240个应当很快了，但这与竞技比赛还是差得太远！有些孩子为了提高跳速，就必须提高绳子的转速，这时减短绳子的长度，划过的半径就小，阻力就小，旋转速就快，所以孩子就必须低头弯腰！这就不利于孩子的身体健康，因而适可而止吧。

探讨这一课题是因为教育要讲究些技术，但归根结底要回到现实中来。

孩子应该掌握的东西有很多，除了学习，孩子更应该掌握竞争意识、耐力、正确的学习方法及严谨、勤奋的品质等。探讨这个课题，并让孩子花相当一部分时间在这方面的一个原因是，从漫长的成才周期看，不在乎一时成绩多好更为科学。过于激烈的竞争压力，必然使人应接不暇，没有长远规划。弱化竞争也是竞争的一种方式，从急功近利的圈子中跳出来，去加强耐力、意志力、体力与表现力。

我们需要的是拼搏精神，即便有所偏差，只要在某一方面出类拔萃即可！成功了是英雄，如不成功，同样获得了不成功的经验教训，同样需要赞扬与陪伴！大视野的人见得多了，可能对小事、小成绩看不上眼，"不过如此"——这是对孩子最大的打击了！但你如果鼓励一番，表扬一番，将带来极大的动力！这是必须注意的一点。

需要指出的是，培养激情与动力有可能给他以误导！但如果不加油、不认可、不鼓励，又怎么培养精、气、神！只有到了好好念书的时候，就应当适当放下，而不是任由他散漫发展，随心所欲！或到了需要转变的时候，才是告诉他真相的时候。

国家需要多样化人才，有些人以为认清了真相就高人一等，这还不够。不去奋斗与拼搏，怎么知道前程渺茫？我们的孩子需要的不仅是精神、技能，还要有经历！即便在某一时刻败下阵来，至少我们经历过，而且这个经历可以传给下一代，这难道不是一笔宝贵的精神财富吗？

关于成长环境

俗话说，贫瘠的土地上结不出肥硕的果实。大家熟悉"孟母三迁"的故事，其实就是一个给孩子营造一个良好成长环境的话题。

我们的职责始终是指导孩子成长。作为孩子的榜样、监督者、领导者身份出现的师长不忘使命是第一要务。从这一角度衡量，有许多话题是不适合孩子掺和的，如邻里纠纷的话题、国际纷争的话题、酒场上的话题等，这不是孩子在青少年阶段所考虑的问题。

家长有家长的事情，如为事业奋斗不止的时候，遇到孩子也该静下心来，考虑下你关注或喜欢的话题是否适合孩子？在你事业有成，甚至飞黄腾达的时候，是否只会尽兴，告诉孩子不适合他考虑的问题？在你事业上遇到挫折的时候，也考虑下是否向孩子诉说。

有些家长可能工作比较累，工作负担重，或敬业精神的缘故，有许多的话题需要探讨，但为了孩子的健康成长，就要始终营造一个和谐、健康的家庭环境。从孩子本身来说，有些事情也影响其心情，如炫耀吃穿、车子、房子等攀比的心态会影响他的情绪。再如人人都喜欢轻松的话题，如何享受、优雅的环境、成功者等，这是人的本性，但学习、锻炼、劳动更是必需的，却未必是我们及孩子喜欢的话题。

环境的变化有时使我们无所适从。上一辈出生的人，通信不发达，没有电视、手机、电脑，户外活动多，如今住进了楼房，孩子少了，玩伴少了，户外活动少了，能不能以我们的成长经历来引导孩子？经济条件好了，不用为吃饭担心了，是否就可无忧无虑，不关心粮食生产或食物来源了？其实在物质贫乏的年代仍然造就了许多的人才及宝贵品质，比如吃苦耐劳、艰苦朴素及为改变生存环境、命运而产生的奋斗精神等。

人的成长是一个复杂的过程，孩子不知道怎样做更科学、便捷，少走弯路，也没有时间和能力去研究这个环境及成长秘籍，甚至没有辨别是非的能力，更没有选择成长环境的能力，这需要家长来完成，因而营造良好的成长环境至关重要，包括：

▲向上的环境：主要指人文环境，如榜样等。

▲锻炼的环境：场地、自然资源，如山、湖泊、操场等。

▲对环境的适应：即利用问题。

利用好环境，即发现锻炼的机会，如自理能力的培养，各项技能的锻炼，各种特长班等，只要与学校教学不重复的活动都可参与，同样促进孩子的成长。

在没有网络与电视的年代，信息的传播渠道比较单一，交通也不便利，一切都显得闭塞，而现在网络的发展使我们更多地了解外面的世界，在获得知识的同时也带来不少的烦恼。尽管吸引眼球，但与孩子的成长目标相差甚远，因为还不到孩子考虑这些问题的年龄，就不宜让他在这方面消耗精力。

我们依然按部就班地生活：饮食以满足身体的需要为原

则，并不追求精美与豪华，但不管贫穷还是富有，我们现在的目标是教育孩子，影响孩子。不管理想多么美好，能拥有一颗平常的心，通过自己的努力去获得成绩才是第一位的。

常听人说，见什么人说什么话。这一点特别适合于同孩子的交往，这体现了修养及对孩子的关爱。寻求共同语言，并非随机应变的意思，而是一种角色担当与责任，如见了孩子谈成长与理想的话题，以及学习中的问题等。

家长学识的多寡并不重要，重要的是为孩子营造一个健康的成长环境，如邻居或亲戚家成功孩子的奋斗史、爱好及经验等。没有比较就不知道差距，多谈论几个榜样就能促进孩子的上进心。为孩子找榜样，如模仿的榜样与看齐的模样。对于前者，涉及具体的活动，如滑旱冰、跳绳等竞技性活动，与他们交往，以此为榜样，以便于努力，因为这样的榜样可以催人奋进，还能学到有用的技能。对于后者，如某某冠军、学习状元，则是看齐的榜样。孟母三迁的故事强调了环境对人成长的影响。在中国，不同时代会涌现出不同的模范与英雄，如战斗英雄，但他们对于孩子具有不可模仿性，更不可复制，我们除了敬佩就没有别人可以模仿？如果家长的"良苦用心"和"不懈努力"用在完善自己的教育示范上，用在平时自我约束和自觉行动上，让孩子亲身体会这种教育，让他感动、敬佩，做一个孩子榜样的家长也许更好。

因为工作性质的问题，在家里，我们可能需要交流关于社会问题、人际关系等，应尽量避免可能引起孩子分心的话题。因为学习是很累的，需要把自己关在一个小屋里，远离喧嚣，还需要正襟危坐思考问题，写作业或阅读，而你把家完全弄成一个休闲的场所，这怎么行？

所以孩子如果有爱好，而且这种爱好又有利于他的成长，一般没有必要进行干预，你需要做引导就够了。

最后说一下氛围。到医院里，到处是病人及病情，容易促进人们关注健康、学习健康知识。在学校里，便有学习的氛围，有上进的氛围。在玩伴较少的情况下，进入孩子的心灵世界，共同探讨适合这一年龄段的话题，可进行更多的思想交流。有一篇报道值得深思：

北京大学的保安考上大学者达500余人，其中包含12名研究生。北大和保安的化学反应是"只要能去北大，有机会在重点大学旁听，哪怕是打扫卫生我也愿意。"

在2017年高考季，"北大保安"成为热词。一份数据显示，截至2016年，北大保安考上大学的数量增加到500人，其中大部分是大专，少量本科，还有12名研究生。

近日网上的一则北大招聘保安的信息，专门提到了这一点："（北大保安）还可以参加北京市的成人高考和自考，做到工作学习两不耽误。""近几年来，北大保安大队有百余名保安员靠自学和成考，拿到大专或本科学历。"

这就是近朱者赤的效应。名校的感染力即学习的氛围、便利，更激发起奋进之心！又听说，"听君一席话，胜读十年书"——良好的人际资源也是对生活及社会知识的学习，与有文化的人交往则会获得鞭策。这就是环境的力量。

关于制作

在前面已经进行了一番探讨，现补充如下：

这是一项实践性极强的活动，是动手活动的重要组成部分。孩子到餐厅吃饭的时候，"饭这么难看"；吃菜的时候要求色香味，"这么难吃"；看到别人拿着不上档次的手机，"这破手机"；看到别的小朋友画的画，"画的丑死了"等。问题来了，在对别人的期望值很高，对别人的"产品"严重不满的同时，自己所做又比别人强多少？自己做得又如何呢？不要搞双重标准——中国制造离不开千千万万的技术工人、工程师，小到一个螺丝钉，大到飞机、轮船，哪一样不是工人，包括许多人的父母辛勤劳动加工出来的？我们是培养劳动者与实干家的，不需要评论家。孩子实践标准不止一个，成功的方式不止一种，美的表现也不止一样，因为困难、缓慢就放低要求吗？因为有些差距就随随便便放弃？我们的孩子将来也要从事这样一些活动。有审美能力，要求高是好事，社会发展也要求我们的孩子有动手能力、制作能力，尽管这仅仅是学习，未来的工程师不正是从孩子中培养的吗？

当孩子动手做一件产品的时候，他的能力就可以立马得到验证。产品可以是多种形式，由制作延伸到其他表现性活动，如整理床铺、做饭等。

进行制作需要花费相当多的时间与精力，我们的孩子是有足够多的时间来进行这些活动的。当发现孩子这也不行，那也不行的时候，即便孩子的年龄已大，也要考虑这一教程，至少以较高的标准来要求他，同时又以学生的标准来指导与训练他。

这种学习与锻炼过程弥补了指示性教育的不足。大多数人对完全脱离生活生产的欠缺还不太清楚。我们希望培养聪明的学生，这不是凭空产生的。在教会学生具体知识的时候，还要培养他的学习能力。一时的训练当然可以提高成绩，但过多依靠记忆极不利于孩子的长期发展，而进行更多的实践活动，即便在短期内难以体现出成绩及能力，却会使他受益终身！这与直观提升学习成绩矛盾，但如果抱着让孩子成才的心，这种锻炼是一点也不为过的。即便孩子有些消极应对，只要家长支持，也能轻松克服这一点。

我们的目标不仅仅是锻炼。能做出什么？即便做出来的很有限，但追逐梦想的心却不能就此破灭！训练孩子的机会不能就此失去！更多时候，孩子在追逐梦想的时候，你给了他当头棒喝——有过制作经历的人会体验到，加工一件产品，如模型，往往非常不容易，需要许多的材料，许多的加工机器，但孩子不知道从哪里寻找材料，即便有钱也不知道从哪里购买设备！没有自己的制作场地，需要在家里或庭院才能实施，这就需要家长的支持。

玩具或模型制作是一项难度很大的训练，不要认为有钱就可以买到一切，这是个多么荒唐的想法！我们使用的产品，即便很简单的产品都是工厂生产的。经过实践你会发现，不借助现成的工具，一个螺帽你也生产不了！在这个过程中，需要学会合作，哪怕一些细小的工作也是在合作中完成的。还要学会使用工具，这使得手工有更高的效率、规范与精度，从而更有成就感与产品意识。

在以前，木工、陶艺都是我们首推的活动，但现在因为城镇化的发展，一个简单制作都这样困难，想做好更不容易，又如何去做好工业产品的设计、加工与制造？对于孩子，这不需要深奥的理论，会模仿就够了。

制作需要较多的时间与精力，但对孩子的成长极为重要，因为这种直观的经验可获得全面的反馈。有人认为，培养动手能力与以后的工作相差太过遥远，所以骨子里不屑，行动上无视，一点能力储备没有，指望他们培养孩子成工程师，去制作芯片或发动机，这怎么可能呢？如果这些极简单、立马可见的产品都做不好，那些抽象的产品、不能直观表现的产品又怎能做好？写篇文章、做一个论题，就更不易做好了。回到我们的教学，我们的数学、物理不正是基于这样的一些实践与生产发展起来的吗？组装个玩具小车也需要用到电学等物理学知识。平时实践了，有了初步的体验，在学习中遇到的时候就容易掌握了。即便简单的玩具制作，能做好就是很大的成绩，许多伟大工程不也是从模型设计开始的吗？许多名牌产品不也是从做好做精开始的吗？

提分有玄机

有人说，教育考试骨子里就是社会竞争。我对这种说法感觉怪怪的，本人不想进行更多解说，只能说教育考试存在竞争因素，但不全是，因为我们所教所学的知识是有用的，我们对学童的训练是提升，而初级教育还肩负着启蒙的重任！

从消极方面说，考试，仅仅满足出题人的意图就行。这不要求孩子在两个小时之内创造什么，只需答对题目即可。这需要对相关知识牢记于心，因为学生自己的前途、命运跟分数密切挂钩。升学就是第一道社会资源争夺战，在游戏规则里尽可能多地拿分才是王道。

考试，只有符合命题人的要求才能得高分，这与创新工作是存在差别的，也因此备受争议。如果说应试教育存在这样或那样不足的话也可以理解，毕竟目前还没有一个更好、更公平选拔人才的方式。所以，即便考试存在不足，也并不表明教育者、领导者不想把事情办好，这也是不用言明的。

规则很多时候是潜在的，家长不懂、孩童不懂，因而作为一个课题进行探讨。在诸多规则中，最为明显的当属考试的解读与提分了。答题有规则，写作有技巧，即便与知识没有多少关系，良好的答题技巧也成为迅速提分的重要因素。

比如有一道地理题是这样出的：

北京、南京、上海、广州，找出不同的一座城市。

这可难坏了家长们。我们可能会想，不同或相同的因素太多了，如何找成了头痛的问题！对中国地图烂熟的人怎么就不懂？直接问就行了，我们怎么理解出题者的意图？所以明白传统规则也是重要的提分要素。本题潜在的因素是地理位置，如以长江为界或以黄河为界，那就太简单了，但人家就不告诉你！这能考什么？形式比内容难。捉迷藏一般的题目使读者不得不怀疑考试的呆板，因为难点不在于题本身！因上述原因，成绩偶然的不理想是不用担心的，只是某个环节没有注意到罢了，而学习力才是根本。再如，争议最大的阅读理解，现进行详细探讨：

有位作家写道，我有很多散文、随笔被各地考试拿去出题了。曾经有学生发题目问我要解题答案。起初呢，我自己就把题目做了一遍。结果，当然是绝大部分做错了。出现了"自己写的文章，自己也搞不清中心思想是啥"的现象，这可就尴尬了。我自己的创作动机，我自己想表达的主题，居然不是标准答案？

有的小朋友就拿着截图去问老师，看，人家作家写的时候根本不是标准答案那么想的。再琢磨一下，其实原因也简单，就是心态没切换。要理解出题人的思路，再做了自己的另外一篇文章的考题，基本上都答对了。

除非作者从来没参加过考试，否则，应试的套路、价值观和猜题思路，谁不知道呢？其实作家们并不是不知道，只不过语文考试和文学阅读的自由散漫，使答案具有多重性——语言有多意性，人们对同一篇文章的理解同样有多意性，视角不同答案不同。确实在大多数情况下，没有所谓的对与错，只有答题逻辑与出题人制订的"标准答案"。作家做不对自己文章出的题，只是忘了答题的逻辑。也许认知的严谨性与语文教学存在不小的差距！

一份试卷一个标准答案，就是现有的最公平的游戏规则。文学理解可以千姿百态，我写的文章，读者喜欢怎么理解，都是很棒的阅读体验。孩子认为自己的理解力强，往往栽跟头！问题又来了，我们在进行阅读理解的时候，既要考虑到文章的多意性，又能揣摩到出题人的思路才算成功，这就是考验！尤其是能够考上公立大学的作家，说明他肯定通过了高考语文考试。那些严重偏科的作家，甚至还得靠语文分数去补齐数理化的短板。这说明他们特别能够琢磨语文考试的"窍门"，知道怎么拿高分。

琢磨出题人的思路，听优秀教师的教诲，可以让你多拿分，能让你在千军万马的竞争中，力争上游。这一套，的的确确是可以训练的，是一种基本的应用文写作与阅读技巧。

连作者自己都会抱怨的阅读理解，"我是作者，我做不出来，是我对自己的文章把握不好吗？"这又是为什么呢？原因有这样几点：写文章是原创，出题人是在创作。其实考的不是原创的意思，考的是创作人的意图，也就是对文本内容的再解读。鲁迅说，一部《红楼梦》，经学家看见《易》，道学家看见淫，才子看见缠绵，流言家看见宫闱秘事。这也就是通常说的，一千个读者，就有一千个哈姆雷特。不同角度可以有不同见解，这可不是"百家争鸣、百花齐放"，标准答案只有一个，是出题人的思路！

从这个角度看，即使是作者本人也不能完全拥有对文本的解释权。或许作者自己都不曾如此细密地站在不同角度去看、去分析自己的文章，一旦草率作答，结果自然不佳。

文学批评和文学创作是两回事，而现在的语文教育还处于让大多数学生锻炼人文意识的阶段，培养的是一种思维能力，想要灵活地答题显然不可能。所以，学生们就要思考出题者的意图。

问一句：挖了那么多"坑"的考题究竟能不能很好地测出学生的阅读能力？学生们绞尽脑汁地想出题者的出题意图，测试的可不是阅读能力。试卷出题的目的也许在于测试阅读理解能力、语言组织能力和综合知识的积累。

"春风拂上我的脸""绿水青山带笑颜"——美的感觉与心态的描述，也没有不妥。从另一方面看，人的心态研究也是人文科学的一部分吧？一个研究自然科学的人可能远离了这个领域，但对于孩子与特定的环境，就出现了那些知识。再如太阳升起就表示希望与光明，太阳落下就表示黑暗与逝去，这就是套路！有人想，这是正常的自然现象，说明不了什么，如此等等。这也许是特定环境下的暗示吧，这个也是考试的一部分。成绩好的人都得琢磨出题人的意图，如果不会琢磨，或表达不准，就会丢分，这也是需要考虑的一方面！

学会赞美，学会比喻也是语言能力的一部分！怎么说这种考试没有用呢？但这种考试给孩子、家长就是误导！揣摩别人的心思，聆听弦外之音等有哲学与政治的成分，如果没有人训练我们的孩子，怎能把学习搞好？

善于揣摩别人的意图、弦外之音，是一种训练，否则就是书呆子。如果以现代思维进行评论，就可能偏离出题人的意图，也可能失败！

看来，一个作家或剧作家，他就要有站在不同角度、立场去揣测主人公谈吐、思想的能力，具有一定的人文科学与自然科学的功底，也是没有错的。只是在教学训练中，在对孩子的引导、训练上，与教学方式上差得太远了，满满的套路难为了孩子们！有人说，这得需要多少社会知识、人文知识啊！"我偏不告诉你，因为那个内容太多了，我无能为力！"仅仅弄些皮毛，可偏偏考倒你！这就是坑。

教材还是那些教材，"高考新动向"对能力的引导也没有错，但如何搭建能力与教材之间的桥梁，如何填平孩子成长道路上的坑才是我们所考虑的。问题实在有点大，有限的篇幅还远远不能解决这些问题，这在引起许多人思考的同时，确实需要考虑教育思想的逻辑性了。

互助教学法

　　研究教育理论，规划孩子的成长路径属设计层面。在教学与学习上，如何使学习效率更高、质量更好，也应当成为师生考虑的问题。一位教师面对一个人或多人等情况，如何在不同情况下获得更高的教学质量，已有许多人进行了探索，其中"互助教学"系对如何提高学习效率与质量问题的探索，以搞好教学为目的进行的研究。这虽然难以作为一个教程，但这一探索的价值在于获得更高的学习效率。

　　目前的高中考决定了学生掌握知识要做到两点，一是记住关键的知识点，二是对知识进行熟练运用或者说能够用所学知识解决相关问题，这需要三个阶段：一是理解识记阶段，包含教师的讲授；二是作业完成阶段，包含识记和完成书面作业；三信息反馈阶段，即获得反馈信息，调整自己的认识和行为。从认识的发展规律看，人的认识是循环式上升的，只有一次次的实践，人的思想才能得以升华。这一过程包括感知—思维—表现—反馈等环节。我们探讨这一课题的目的是如何使教学手段更有效，使学生的学习效率更高。

　　一般说来，获取新知识需要教师的讲解，教师做出适当的解释即可，这一环节往往需要教师的帮助。对于表现环节，学生常用两种表现方式，一是声音信息(有时用到动作、手势等)，二是书写。对于前者，一般说话速度在每分钟180至280个字，是书写的10至20倍，虽然较快，但声音信息转瞬即逝；对于后者，虽然能恒久地落到纸上，但每分钟只有10至15个字。从接收方式看，声音的接收方是耳朵，这是个永远不知疲倦被动接收信息的器官，因此用听—想—表述(获得反馈信息)—思维加工—表述……这样一条途径来学习将更为迅速有效。由此看出，加强表现的方式是多用有声语言，而这种方式同样适合于知识的反馈，因而用这种生动活泼的方式能成倍地提高学习效率。要做好这一点，实现信息的双向交流，最理想的办法是教师的个别辅导，但一位教师要面对一百多个学生，不可能对每个人都采取个别辅导的方式。一种较好的方法是以学习小组为单位进行学习，由于这需要在教师引导下进行，所以又叫互助教学。对这一教学方法探讨如下：

一、组织合适的学习单位

一个学习单位有多少名学生合适？如果对这个问题没有一个清晰的认识，认为教室能装得下，学生听得到就行，这是非常不科学的。一个班级的学生人数过多，有多方面的原因，如教师资源缺乏、环境条件限制等，但我们选择了以班为单位的教学集体，实行班级授课制，同样是为我们的教育教学目标服务。但这并不是说，以这种方式传授知识最为合适，落实到授课和学生掌握知识，还得视具体情况而定。从教学内容看，虽然相当一部分内容可以通过指示性教育来完成，而且通过这种方式教学最为省事，但如何才能有效地掌握知识和训练学生却不能用这样一种单一的方式，而用学习小组的方式进行教学可弥补在集体授课中的缺陷和学生表现的不足。

　　一个人独自学习、几个人一起学习或者以班级为单位的学习是为实现教学目标而采取的一种手段，之所以这样而不是那样，因为这是提高学习效率，实现教学目标的有效途径，这是由学习内容、目的和方式决定的。固然，采取这样一种教学方法需要教师的训练和学生的配合。如果不能掌握这一方法，即便把几个学生叫到一起，也不能很好地配合与帮助，也就谈不上教学效率。尽管培养在学习小组中进行互助学习的能力要花费教师的一番心血，但会获得很多的好处。谁都明白，语言是思想交流的工具，工具只有在运用中才能学会使用。比如学骑自行车、游泳、幼儿学习说话哪一样不是在实践中学会的？但我们的教师却不能遵守这一规则——因为教室里有黑板和讲台，生怕学生有不懂的地方，翻来覆去地讲，仅仅满足于自我表现，"满堂灌"怎么可能把语言教好呢？语言信息多以声音、文字的形式表现，而声音信息是最普通、最容易、最生动活泼的，离开了运用就很难保证其质量。几个人一起学习，可以互相交流，让别人检查自己不成熟的思想、语言，其效果是个人独自学习无法实现的。在班集体中学习虽然很普通，但每个班有五六十个，甚至更多学生，每个人真正锻炼的机会非常少，如果一节课只提问几个学生就谈不上教学效率。所以，如果成立 2 至 10 人组成的学习小组，在学习小组中学习将更有利于提高学习效率。

二、意义及使用范围

成立学习小组的原因是很多学习内容只有在学习小组中才能更好地进行，比如观察练习、会话练习、讨论和动手实验等。这一方式可以培养团结协作的集体主义精神和互助的品质，这对于独生子女来说尤其重要。从表达方式看，口头描述是最便捷的表达方式，但一个人进行这种活动，不仅缺少自觉性、纪律性，而且难以持久，自己的表现有何缺点、如何找出问题等都难以发现，而在学习小组中进行，不仅轻而易举，而且有助于取长补短。我们都有这样的体验：看了书或听了课都会有所想，如果说出来与别人交流一下会感到更为踏实。同理，学生做了习题，也要总结一下，有时为别人讲解一下会更清楚，记忆更牢固，这是因为经过了大脑的思索和语言能力的训练，也是对自己能力的检验。这种条理性就需要组织语言。所以说这种方式的优越性还在于这种方式可以解决一些普通授课无法解决的问题。

互助教学需要师长引导学童对事物进行描述练习，进行观察、思考和知识重现。不过，并非所有的内容都可以在学习小组中进行，这一方法主要适合于：

1. 热点问题讨论。由于讨论内容多是热点问题，甚至是学生自己的亲身经历，能极大地调动学生的积极性，因此成为一个重要的学习内容。

2. 阅读理解。一人读其他人听，听完后再对问题进行讨论、叙述。

3. 进行外语口语练习。学过外语的人都有感触：想说没人听，说得对不对不能得到验证，说得不好又怕别人笑话，有时说了别人又听不懂。其主要原因是缺少语言环境，而学习小组能实现一个人学习无法实现的效果。

4.用于识记知识。一个人学习容易倦怠，而在学习小组中学习效率高。

5.互相检查作业和讨论。做习题，是怎么想的，怎么做的，书写是否严密、规范，如果动手写，就显得效率低下，如果一个人学习，就会缺少自觉性和纪律性，往往不能严格贯彻执行，几个人可以互相监督。

6.进行动手制作或观察性实验。在学习小组中进行可以培养观察与合作的能力，在实验后可进行探讨。

7.用于检查作业。对作业进行批改，互相学习。

8.互助学习。如果有几个孩子来学习，父母不要认为这是一种负担，孩子一起学习是一种双向交流的过程，对自己的孩子有利。另一方面，如果是独生子女，缺乏互相帮助的经历，更需要和同伴之间互助学习。

因为声音信息转瞬即逝，需要借助图形、图像、动作、模型等方式，这不可能完全依靠口语表达来实现，所以并非所有学习内容都适合于这一方式，比如对于需要严密推理的理科习题来说，必须借助于书面形式才能实现。

三、学生的体会

我将左腾、夏玲、久子、柳子等同学叫到我的办公室。我说，互助教学法对培养语言能力，提高学习成绩很有帮助，希望你们畅所欲言，谈谈在学习小组中学习的体会。他们发言如下：

左腾：学好外语的关键在应用，在于听、说、读、写能力。由于一节课只有45分钟，一个班有几十个人，如果老师只提问几个同生，大部分同学没有发言机会，学习效率低。老师虽然可以在课堂上进行听说训练，但很难照顾到每一个学生，只有在学习小组中才能让每个学生得到充分锻炼。

一个人怎么学外语呢？想说，但没有人听，说错了也没有人指正；想听听别人的发音，可没有人说。有时虽然在电视、录音、录像中出现外语，但不符合我的英语水平，听不懂或跟不上节拍，而且形式呆板。一个人独自学习外语真是有说不尽的烦恼，但在学习小组中这些问题都解决了。因为学习外语最关键的方式是会话练习，即听和说。只有联系实际进行的听说训练才有意义，但存在三个问题，即听谁的话、听什么合适和说给谁听。如果谈话对象是老师，这当然很理想，可以随时纠正语法和读音等方面的问题，但老师要面对一百多个学生，又没有分身术，怎么可行呢？和父母谈外语，但大部分父母没学过或久已不用，这也不现实。我的同学大都是独生子女，没有兄弟姐妹，不可能指望哥哥、姐姐提供帮助。因此，最好的说话对象应当是同学，一个说一个或几个听，说的人锻炼表达力，听的锻炼听力，同时指出问题，然后另一个说，其他人听。这叫互相帮助或互为人师吧。我们都是初学者，说错了或说得不准不会有人笑话，彼此彼此。虽然开始时有点不好意思，但经过一段时间的学习之后就不存在这个问题了，学习的乐趣就在这里。

夏玲：每个同学都想学好外语，以前由于缺少会话练习，我们听课都很吃力，更谈不上口语能力，或者听不懂，或者不会说，这是所谓的哑巴外语。那些缺少实际练习的学生，在听的时候需先翻译成汉语，然后才理解外语的意思，说的时候也是先翻译成外语然后再说，因此显得缓慢、迟钝，听录音时跟不上节拍就是这个原因，这都是缺少实践的结果。

在学习小组中进行会话练习，因此记单词、理解语法比较容易，学习效率也提高了。以前学习很头痛的外语现在学起来轻松多了。

学习小组的人数要根据所学内容决定，有时两三个人，有时三五个，甚至十个都可以。开始学习往往没有经验，说什么，学什么，怎样做等都要靠老师指点。如果准备不充分或练习内容太少，就容易浪费时间，这需要老师准备一些学习资料或布置适量作业才能真正发挥学习小组的作用。既学到真本领，又能轻松地获得知识。

想取得好成绩，关键是持之以恒。开始对这种学习方法不习惯，觉得不好意思，信心不足，这需要教师加以引导，俗话说，师傅领进门，学艺在个人。经过两三个月的学习，就感到轻松多了。就拿学外语来说，以前由于缺少实际练习，整天背单词、语法。开始单词少还不费事，可是由于用得少，前面学，后面忘，学的单词越多，忘得越快，越学越吃力，这是缺少实际运用的结果，人们常说"知识变成了包袱"就是这个意思。

夏玲：我谈谈学习写作的体会。在小学，老师让我们讲故事，写记叙文。可到了中学，我们不仅要写记叙文，还要写说明文和议论文。考试要求也提高了，如果局限于以前的学习方法就跟不上学习的需要。写好作文，重要的一点就是动手写前进行充分准备，而在学习小组中的讲述、讨论是准备的重要一环，准备得好写起来就顺手。比如写记叙文应先进行观察练习，即把要说的事先口头叙述出来，同时进行口头修改，这是很容易的，话说得生动、有条理，听起来悦耳，写出来才能有气势。同学之间互相交流信息，不仅取长补短，还能探讨写作经验，在学习小组中学习进步很快。在讲述的时候，说的同学趣味横生，其他同学们听得津津有味，不仅增长知识，还能锻炼口才，都觉得学习是一种乐趣。

在学习小组中发言一定要提前准备，一要准备内容，二要试讲，讲好了才能更上层楼，否则自己讲得磕磕绊绊，同学们听得兴味索然，效果就不会好。

在学习小组里练习可以取长补短。由于个人的知识有限，通过集体学习后，你有你的思想，我有我的意思，几个人分享想法，各抒己见，认识深刻全面了，语言表达准确、生动了，写文章就顺手。在小组中讨论，至少包括四个方面，一是听别人陈述，学习知识；二是自己陈述，锻炼口才；三是互相磋商，提高认识；四是培养团结、友爱、互助、合作的品质。

久子：我谈谈学写议论文的体会。同学们写议论文主要存在两个问题：一是语言干瘪乏味，二是缺乏思想性和条理性。出现这种情况的原因主要有两个：一是平时训练少，不会说理，二是没有社会经验，知识面狭窄，对许多事理认识肤浅。解决这一问题的方法是进行适当的阅读，丰富课外知识，懂得说理方法，并经常与别人探讨问题。我重点说说小组讨论的问题。

每一个同学都有喜欢或关心的事，对事理都有自己的看法，虽然不一定全面深刻，但他肯定喜欢与别人探讨，发表自己的看法。为此，可定期开展热点问题讨论会。由于在一起学习的时间有限，在学习小组讨论前应先做好准备，即使考虑不成熟也不要紧，只要能把基本意思表达出来就行。进行讨论的关键就是畅所欲言，各抒己见。发言后，我们还要反思，这样，我们对问题的认识就会进一步加深。

久子：写议论文属作文知识的范畴，但文章的思想却来自生活实践，来自我们对世界观的认识。因此，提高认知水平的方法是进行热点问题讨论和在生活实践中体验。为了培养同学们的思考能力，用小组讨论的方式不失为一种好方法。每次讨论，老师要准备好课题，并推荐参考资料或观点供我们参考，然后让同学们进行准备，以书面或口头的形式发言，最后进行讨论总结。经过讨论，认识水平提高了，同学们学会了思考方式和说理，再写起文章来思想深刻了，有理有据。在以前，老师布置了作文题让我们写，可我们既没有经历过，也没有亲自观察过，缺乏相关的知识，想出一大堆连自己也不明白的话来，是写不出好文章的。

柳子：在地理、历史学习中，互相提问比一个人默记好得多，比如看地理填充图，要求说出一个国家的名称，说出首都、大城市的名称等，或者反过来提问也很有趣。再如根据历史人物联想历史事件，根据历史地点回答历史人物、发生的事件及对历史人物的评论等也很有意思。要组织好，关键是老师要给出具体要求和提纲，这样才能把学习活动顺利地进行下去。

在理科知识复习中，可以互相帮助，互相督促，互相协商。比如可进行互相背公式定理、进行观察性实验、互相检查作业等学习活动，这对提高作业质量，培养良好学习习惯很有帮助。在学习小组中学习虽然有很多好处，但并不是所有的情况都适合协商讨论，比如为了培养意志、耐心和独立解题的习惯，在遇到复杂问题或在某些情况下还是独立做题比较好。

教师：在过去，没有正式的学校，学生念私塾，一个私塾先生只教几个人，能够针对学生和教材的情况采取灵活的教学方式，他们总结了许多优秀的教学方法，如因材施教、循循善诱等。到了现代，公立学校大量出现，每个人都有学习的权利，但由于教师有限，几十个学生挤在一间教室里，只能按一个模式进行学习，影响了教学效果，而在学习小组互助的方式可以弥补集体授课的不足。

上课时，如果遇到需要讨论的问题，及时组织学生讨论，问题能及时得到反馈，经验能不断得到丰富，教师起着引导、提问及提供必要知识等作用，因而上课效率高。如不能在课堂上进行观察和讨论，不能进行以开发智力为主的研究性学习，就不能加深对问题的认识，在学习小组中学习可以弥补单纯灌输知识对智力发展的不足。

教师：大家可能还有几个问题需要弄清楚，比如：

1. 家庭辅导与学习小组的关系如何？

从理论上讲，培养学生的语言能力和思考能力，只要能按一定方式训练就能达到目的。因此，如果作业布置得好，父母完全可以根据教师的要求训练学生。对独生子女，父母容易把他放在一个特殊的位置上，而不利于培养民主、互助的品质。因此，父母的辅导未尝不可，但在学习小组中的学习能弥补这一不足。

2. 进入高年级是否还要在学习小组中学习？

仍然需要。之所以以学习小组为单位进行学习，是由学习内容和方式决定的，而不是以年级的高低为标准。在单词背诵、会话练习、热点问题探讨等方面，用其他方法就无法实现。进入高年级，由于学生的学习力增强，比如检查作业、总结等不再需要在学习小组中进行，但动手实验、讨论问题等同样需要在学习小组中完成。

3. 为什么要将学习小组引向课堂？

采取这种教学方式，是用最简洁的方法实现最好教学目标的需要。学习小组应当由地下转为地上，再渐渐过渡为正常授课或练习的一部分。将学习小组引向课堂，教师可以以空间位置进行划分，或以集体讨论的方式进行训练。

教师：成立学习小组有助于在交往中学习，对开展评论课、作业检查、观察练习及培养互助合作的品质是必要的，在很多方面具有个人独自学习无法取代的作用。在学生较多的情况下，以学习小组为单位学习可以大幅度地提高教学质量。

四、程序化训练

实施这一教程，由于学生学习力的差异需要学生的配合，必须对学生学法加以培养，培养其从事这一学习活动的能力。由于教师的时间有限，想同时监督、检查和辅导几个甚至更多个学习小组很不容易。为有效地组织学生互助学习，一种优秀的做法就是培养学生互助学习的能力，让学生根据教师的要求按部就班进行学习。换言之，虽然学习内容可能较为复杂，但教师如果将其分解成几部分，让学生按一定程序进行练习，将变得容易。从目的看，这一方式主要适合于以掌握知识点和观察练习为特征的学习，探讨如下：

1. 用观察法学习新概念。

一般说来，这是最简单的操作方法，其目的主要在于掌握知识，只要让学生达到理解识记的目的即可。假如有基本概念等简单知识点 A、B、C、D、E……要求学生通过观察的方法掌握。

方法是成立 2 至 4 人的学习小组，每小组分为甲、乙两方，必要时加上丙、丁。

开始，甲方提问并检查，甲手握并注视着答案和习题。

甲：请说出知识点 A 的写法？

乙：……(用书面语或口语回答)

甲：请说出知识点 A 的属性？

乙：……(比如什么单词、词组或成语，如果乙不会，甲提示，实在不会给出答案)

甲：请说出知识点 A 的应用背景？

乙：……

甲：举例说明。

乙：……(举两个例子，以尽量规范的语言回答)

甲：请说出应用该知识点的常见错误。

乙：……(根据教师所讲或自己的理解回答)

在以上提问中，如果乙回答不上来，甲要及时提供信息，再通过复习，如用"请再说一遍"或问"我说了些什么？"等方式来提醒对方，必要时把不熟悉或没记住的内容记录下来，再重点复习。甲提问完后，再用同样的方法、相同或不同的材料，由乙提问，甲回答。

2. 进行专题探讨。

这适合较为复杂的问题，由于这一课题在学习小组中只是一个环节，因此对其基本模式探讨如下：

让学生发言，有时候没有或者只有一些简单的看法，无法激发学习兴趣，形成浓厚的氛围。所以进行问题探讨必须有所准备，才能有感而发，不至于感到茫然。因为组织学生的目的是学习，而不是闲扯。既然专门组织起来，对某个问题进行讨论，就必须对这个问题进行适当的研究，加深对问题的认识，形成自己的理论（看法）才有话可说，而讨论则使认识进一步丰富、深化。实现这一步需要进行以下操作：

第一步，做适当准备，包括

(1) 查阅资料及其思考；

(2) 独立思考、与他人探讨；

(3) 包括写小论文等书面形式的准备。

教师可根据需要给学生提出要求。

第二步，讨论。内容包括：

(1) 宣读作业；

(2) 阐述基本思想；

(3) 语言描摹练习。

第三步，总结整理。

根据第二步的结果进行文字加工，包括根据材料进行创作和修改。

一般说来，学生的认识和理论水平是逐步提高的，对其探讨的许多问题不可能一次性地获得高层次认识。在反复实践和探讨后，他的认识能变得深刻，语言能力得以提高，对所学知识加以巩固，我们的目标也就达到了。

3. 对理科作业或试卷的探讨。

让学生进行专题探讨必须有相应的内容、切实可行的步骤和必要的模式。能通过探讨的方式进行操作。其内容可以是测试题、应试作文、课文分析等。如以 2 至 3 人为学习小组，对作业或试卷内容复习如下：

甲、乙两位同学都做了有一定难度的习题 A，且知道了答案，现对习题 A 进行观察练习，模式如下：

首先，甲问乙答。

甲：你说出这个习题的解题思路。

乙：习题 A 是这样解出的……

甲：解出习题 A 的突破口是什么？

乙：……

甲：解决这个习题用到哪些知识点？

乙：用到知识点……

甲：说出知识点 1 的基本意思……

乙：……

甲：说出知识点 2 的基本意思。

乙：……

甲：说出知识点 1 在此解决了什么问题？

乙：……

甲：解这个题有哪些误区？

乙：……

甲：这个题容易在哪个地方出错？为什么这样考虑？

乙：……

同样的模式，乙答甲问。

以上是在学习小组中学习的基本模式，一般说来，这种教学模式有如下特点：

①需准备 A、B 两份讲义，给出可操作的内容。

②练习是互动式的，但人数不可太多。

③以声音的方式进行，因而学习效率较高。

④对需要记忆的内容可重复进行。因为人都不可能有过目不忘的能力，适当重复可以牢固地记忆相关内容。

⑤便于测试，因为对知识的掌握情况很容易通过提问的

方式体现出来。

⑥由于学生的知识尚不丰富，为了便于操作，教师要制订详细的操作步骤。

由于这是对整个教学过程中某些环节和方式的改进，不是教学的全部，而成绩，尤其是书面测试成绩是通过多方面体现的，是能力和知识掌握等因素的综合。虽然这种学习方式转瞬即逝，但仍可以进行检查和督促，包括：

①质量检查。可通过提问、书面测试等形式对其掌握情况进行了解。

②学习力检查。可通过学生之间的练习来发现其掌握情况。

③对学习内容进行检查，可进行这样的提问：

请陈述其基本内容。

请陈述现象或事情的经过。

请说出用到了哪些知识点。

五、关键是坚持

这一学习方法能较好地培养友爱、合作、互助的品质，有助于观察和语言练习，因而成为学习力培养的一个重要手段。但培养学习习惯需要若干次的重复才能产生，至少需要三个月的练习，学生才能自然进入状态。

愉快教育与棍棒教育

一、愉快教育

愉快地学习,快乐地生活是每位父母、教师对孩子的期望,但在现实中却有许多的考量,甚至遇到一些问题,从两个方面进行探讨:一是创造轻松的学习氛围,二是降低学习难度,让所学知识从有明显的台阶到缓慢过渡。这是教育的艺术之一,通过良好的形式来获得好的效果,但问题是,学习知识不能随心所欲,比起娱乐活动要累,即便环境良好,学习轻松,也仅仅起着缓解压力的作用。在这方面,幼儿园的阿姨给我们做出了榜样:总是带着一张笑脸,有极好的亲和力,这就便于与孩子沟通,便于开展工作。

我们努力的目的始终为了孩子——孩子年幼的时候需要照顾,当孩子年龄大了,到了少年甚至青年阶段还需要像幼儿般照顾,只能说心理还未长大。一个只希望与他喜欢的和蔼可亲的老师在一起学习的学生,又怎能适应社会?在温室里的花经不住风吹雨打,但家长只善于经营温室,那怪谁呢?

从方式方法上来说,有人提出最近发展区的观点,意思是用适合孩子成长的标准来要求他,沿着他成长的轨迹来引导他。从理论上来说,孩子是逐步发展的,他的认识、学习力是逐步养成的，但教育流水线并不是为某一个学生设计的，并不是每个孩子都能成为精品，这就是令家长、老师操心的地方。或者说这就是教育的现实情况——坐在教室里，专心致志，既是一种约束，更需要一番耐心。如果有收获，充实而有意义，这种努力效果就会更好。

现实是竞争的残酷性不允许你挑三拣四，要适应环境，不管是迎着风还是淋着雨，都要风雨无阻，过分追求舒适、安逸必然导致适应环境能力的低下。

其实问题并没有我们想的那样糟，如何把枯燥的学习与锻炼变得轻松愉快的方法就是深入其中，并进入角色——孩子没觉得苦、累，倒是我们心疼了，这就是偏差。

过度迎合就让孩子的接受能力降至最低——如果一个班里，孩子的成绩或其他方面的问题很多，教师如何顺利教学？学习就要进行付出，进行艰苦的脑力劳动，即便充实又愉快，也并不表明轻松与随心所欲。

这个话题，让我们考虑孩子学习环境的舒适性、可接受性的同时也提醒孩子们提高适应能力，适者生存才是王道。一味地要求老师，如讨自己喜欢，学问又高，态度又好等，不正意味着你的适应力不高，学习动机不纯吗？因为老师不漂亮、说话不随和就不喜欢？甚至不重视这门课程？如果孩子的心理难以琢磨，没有常规思维多是不成熟的表现。

这提醒我们，让孩子适应环境。在人的一生中，舒舒服服、平平安安的机会是不多的，有时要经历考验、竞争。古人有"一字之师""闻过则喜"的品质，而我们孩子的思想还不那么成熟，尚缺乏自我完善的能力，所以适应环境，也是需要考虑的话题。

因而，不因为形式而忘了内容，才容易进入角色，引导孩子虚心学习,首先要摆正心态。人无完人,始终以获取知识,培养能力为目的,有"三人行必有我师"的心态也许更好。

总体来说,即便学习有收获感、轻松感,但比一些消遣类活动还是累——在家的时候聊天、玩游戏、看电视,随心所欲,但学习就是学习,如同工人劳动,有付出才有回报,过分注重自己的满意度,适合自己的口味,只能导致适应能力低下,违背生存法则的教育就不可能健康。

与愉快教育形成鲜明对比的是斯巴达克式训练,即便还没有,让孩子学着适应环境,泼辣一点又有什么坏处呢?

二、棍棒教育

这非本人的提法与发明,因已多有论述,在此仅做补充性探讨:

规矩是为不遵守秩序的人准备的,鞭子是为野蛮人准备的,对稚弱的孩子是极不适宜的,但又普遍存在着。过于严厉又带惩罚性的教育是一个不合时宜,渐行渐远的做法。

对于理性的孩子,外界的压力及自我成长的动力就够了,这足以使孩子听话乖巧,变得服从,守规矩。孩子的眼光可能没有那么长远,由于对问题认知的肤浅,未能站在理性的制高点,如简单的训育还不能解决问题,所以就有必要采取更为严厉的措施来约束他。

孩子成绩不理想、写作业困难,晚上十点还未写完作业时,是我们的教学出了问题,还是我们在指导上存在欠缺?这不怪孩子,更不能成为体罚孩子的理由,因为教育及取得优异成绩是一个复杂的课题。本人尽量探讨这个课题,但这个课题确实太大了,不可能面面俱到,进行这个论述仅仅针对一般情况。

孩子懒惰、犯错或成绩不理想的时候，你一生气就让他受肌肤之痛？这时候，应当反思的是我们家长或教师自己，至少不能犯第二次错误吧？

有问题的孩子如果不懂礼貌、不懂纪律、不懂得自我约束，因而成为教师非常头痛的事——家人放任得太多，完全没有规矩，就需要一种措施来约束他。常听说"你忏悔吧"，这是一个理性的忠告——对自己的言行进行反思，找到自己的不足，以便进一步改进，这是一个成长的过程。

用反省来改正不足仍属教育的范畴。懒散的孩子，更多是孩子还不理解规则，不够自律造成的一些错误。孩子做什么，怎么做，需要进行一番沟通与解释，需要渐进地努力。

有少数家长推崇"棍棒教育"，觉得孩子不听话了，打一顿就好了。但是，家长们有没有想过：思想教育与训练需要委婉细致的努力，生硬又强力的措施除了培养奴性、破坏性格，实在看不出有什么好。其危害是产生隔阂，改变性格，甚至关闭了与我们沟通的大门。

许多打骂孩子的父母都会抱怨，为什么我明明是对他好，他却不懂感恩？这毫无逻辑。因为这种"好"只会给孩子带来伤害！本来进行一番沟通，甚至几句话就解决的问题，你却举起了鞭子！在孩子还缺乏足够认识，还不能自行解脱这个问题的时候，"棍棒教育"还是少用为好。

有些小孩学习上有退步或者生活上有坏习惯，迎接他的不是挨骂，就是挨打，而做父母的却语重心长地说："打你是为了让你改掉这些坏习惯。"但是到最后孩子不仅没改掉毛病，还会变得胆小怕事抑或叛逆，跟父母的隔阂越来越大——施压是一种教育方式，但在很多情况下被滥用了。本来孩子已经尽力了，你却还在不断地施压，极不合适。有时孩子努力了却没有取得相应的成绩怎么办？如果我们进行的是指示性教育，孩子对相应问题的认识还不那么深刻怎么办？这就需要家长更多的关爱、指导与训练了，需要一段时间的努力就会慢慢赶上来。

运动技能与艺术

　　生物进化理论揭示出一个规律性问题：经常绘画的人，用手较多，手就变得粗大且灵敏；经常练习唱歌的人，会终生有一个好嗓子；较早进行舞蹈训练的人，舞蹈技能会得以长进，灵活自如，肌肉协调性、神经的敏感性都非常好。这一规律揭示出，肌肉、神经只有锻炼才更为强壮。这说明人的成长符合用进废退的规律，即经常运动某一部位，不仅身体结构变得适应那种运动，而且肌肉及神经能都得到发展，其灵敏度、力度都会得以加强，因而及早获得一种运动能力将受益终身。运动技能的获得大都需要一个长期的学习过程，从小培养是成功的关键。孩子长身体的时候，也是塑造运动技能的最佳年龄。

　　掌握运动能力不需要掌握高深的理论，能够模仿与锻炼就够了。这种身体的可塑性更适宜在早期完成，一旦成年，再去锻炼就失去了许多的"天机"，因为身体的发育基本完成，用进废退的作用已大为减弱，健身强体的目的永远没错，但已经失去了竞技体育的资格。因为这样一些原因，运动习惯及运动技能的培养就显得迫切。因而，与其让孩子过多地学习文化知识、上网，不如去进行更多技能的训练——在学习竞争还不那么激烈的时候，进行运动锻炼会获得先机。如果年轻时缺乏训练，人的器官、肌肉缺乏塑造的机会，成年后很难通过训练强大起来，因为肌肉的灵活性、敏捷性只有早期锻炼才能成功，早期运动对体质及以后的发展至关重要，相关研究表明：

1. 速度

男生在 8-13 岁时短跑速度提高最快，15-16 岁次之，女生在 9-12 岁时短跑速度提高最快。故有人提出 10-13 岁时期为速度的敏感期。根据此时期身体素质变化的特点，进行针对性训练，增强身体各部位的协调性，提高中学生的步频来提升短跑速度。13 岁以后，在稳定步频的前提下，主要通过发展身体各部位的力量、各关节的舒展协调性，增加步长，从而提高短跑速度。

2. 力量

7-13 岁是力量增加最快的时期，13 岁后，男孩增长得比女孩快。男孩 13-14 岁力量开始逐年增长，女孩 13 岁增长速度开始缓慢，14-15 岁出现下降。男孩绝对力量增长最快的时期为 11-13 岁，女孩 10-13 岁绝对力量增长最快。

3. 耐力

儿童 12 岁达到成人耐力的 65%，15 岁达到成人的 95%。女孩 9 岁耐力提高速度较快，12 岁再次提高，14 岁起逐年下降，15-16 岁下降较快。男孩 10、13、16 岁时，耐力有大幅度提高，从事耐力训练年龄，男孩 14-16 岁；女孩 13-14 岁。

4. 柔韧

儿童 13-16 岁生长发育较快，以后柔韧性发育速度下降。学生要注意防止过分扭转肌肉骨骼的活动，以免造成损伤。

如果让力量与速度提升，而柔韧性跟不上，机体就会出现运动损伤。

5、灵敏

儿童7-12岁具有良好的反应能力，6-12岁孩子的节奏感较好，儿童7-11岁具有良好的空间定向能力。

以上为学生各身体素质发展的最佳年龄段。

如果希望孩子健康快乐地成长，就让他运动吧！因为运动是有利于健康的活动，有利于快乐的活动，有利于竞技的活动。

本人不赞成孩子过早进行专业选择，但有些专业只有早期训练才会取得较好的效果，比如为了获得身体的平衡技能，就去滑冰、做平衡木训练。为获得音乐天赋，就去练习唱歌，即便起点为零，孩子也会不断进步。如果这种技能出现在入学前或早期出现，我们称之为"天才"。虽然我们有时劝告孩子"现在知道也不晚"，但更多是一种安慰或为保持良好的心态，如果年龄偏大，早期运动所能实现的效果可能永远也无法达到了。

我们知道，许多运动员三十几岁就退役，而有些体育生在年轻的时候就出类拔萃，表现出特长。由此看出，培养孩子的体质，及早锻炼是关键。

孩子发育得好不好，关键在于早期的营养与锻炼。随着经济的发展，早期的营养跟上了，但我们的锻炼却差了很远。孩子身上应具备的体质、技巧及艺术天赋很少体现出来，或表现得很有限。不过，问题又来了，让身体获得更多锻炼并非哪种单一的训练，实际上有很多的方法方式都可以做。另一方面，过早的专业训练需要花费大量时间与精力，因而有所选择是重要的，孩子不可能样样都会。进行适当选择，比如乐器类就有很多，钢琴、琵琶、二胡等，会一两项就可以了，不可能样样都会，也没有那个必要。

培养孩子的运动技能、音乐技能，一是为其以后的发展做准备；二是要避免过多的专业培养，那样反而让孩子的生活变得过于枯燥，这同样需要一个过程。锻炼这个能力，除了游戏，还有劳动。我们总是担心孩子累着了，其实这是一个误区，因为在我们身边有许多活生生的例子启发我们，人的潜力是无穷的，如孩子在幼儿园连续玩三四个小时也不觉得累，也没有喊苦喊累！孩子缺乏耐力也是有原因的：因为体育锻炼少，用不了几十分钟，背上的肌肉就疲劳了，于是就弯腰了。

如果有机会，我们要努力提高孩子的竞技水平，培养其拼搏意识。因为孩子的体质好，运动灵活，手脑协调性好，就容易在某些运动上获得突破。

竞技体育使人紧张，如果不适合，那就学些艺术吧，在早期学艺术比学知识要好。儿童时期是身体生长发育的关键时期，如果错过这个时机不是没有机会，而是说与体形塑造相关的事项就被耽误了，以后就是花十倍甚至无数倍的代价都难以挽回了。

我们不要求孩子过早地专业化发展，但因用进废退的关系，及早学习舞蹈、唱歌等艺术，不仅能成为学习力的一部分，而且是身体塑造的重要方面。

树立正确的学习观念，就要有一个科学的思路，这是从大量实践经验中归纳总结出来的学习理论。实践证明，在正确的运动理论指导下进行训练，理论的科学性越强，越符合运动者们的成才发展规律，学习效果就越好，否则就适得其反。

　　以上是人的成长及运动规律的研究，人的运动方式多种多样，本书仅对最常见、最牵动众人心的项目进行探讨。

关于音乐的学习

追星是有原因的，因为唱歌使人奋进，给人以激情，歌唱得有多动听，人就有多幸福！唱歌让人心潮澎湃，这也是歌星易火的原因，又有羡煞音乐人之说。

在自然界中，如果说有什么能让你哭，让你笑，让你忧伤，让你精神振奋，让人群情激昂的话，这就是音乐，尤其是唱歌！这是艺术的一部分，唱歌作为舒展歌喉的重要部分，本节侧重探讨。

为什么学习唱歌？为什么要唱歌？有不少人通过模仿教我们的孩子，于是出现了两个极端：一是作为专业进行培养，希望孩子将来当个歌唱家或音乐教师，从幼儿时期开始要求他唱儿歌、看谱子，参加各种乐理班及演出活动，把其他功课的学习看成是一个负担，这完全是一种误解。二是由于音乐不是考试科目，消极应付，甚至看成是一种学习的负担，把大好机会白白浪费了。之所以把音乐归类为艺术，是因为表演、歌喉的训练与早期训练活动密不可分，符合用进废退理论！还因为歌声会使人生更加精彩，歌曲又是情绪的调节剂，对人的精神起调节作用，如果每天能唱十分钟的歌，就会情绪饱满地投入到学习、工作中去。

唱歌有启蒙作用，因为歌曲是生活中最凝练、最激动人心的部分，易引起共鸣，因而歌声成为精神的调节剂——有催人泪下故事引发的主题曲，有令人精神振奋的回声，有描写美好生活片段的风景，有反映人思想境界的故事等。不过，这么美好的东西在高考指挥棒下或现实面前还是被误解了。因为音乐不是高中的普考科目，所以就听之任之，漫不经心，在孩童心目中缺乏一席之地，即便有这方面的活动或学习机会也是浪费时间，消极应付。其实这些学生还没有开化，完全没有体会到音乐的意义，不仅没有体会到音乐的乐趣，而且把许多应该表现的机会给浪费了！

诚然，我们的中小学教学一般教健康向上的音乐，可能缺少激情，难以产生共鸣。但音乐或唱歌首先是成长的需要，因为音乐是一种情感及声音表现的练习，由此抒发情感，产生催人奋进行的力量。

本文虽然没有提供一个音乐教程，但探讨这一课题的首要目的是了解其意义，摆正孩子的学习心态是第一位的。

尽管你阅读此文的时候听不到那优美的乐声，但如能欣赏下歌词也令人振奋，因为音乐是一门艺术，所表达的是生活中最为精彩的部分，是调节心情的良药，抒发最动人心弦的情节，使人联想到最精彩的片段，催人奋进，这对于孩子也是一样的效果。做些简单的归类就会发现许多美好的回忆，如：

有哲理启发的儿歌，如《蜗牛与黄鹂鸟》一歌中"阿门阿前一棵葡萄树，阿嫩阿嫩绿草刚发芽——"

有表现美好自然风光的，如"小小的一片云呀，慢慢地走过来——"；再如"让我们荡起双桨，小船儿推开波浪——"

看到这些歌词，即美的体验，似酷暑里吹来习习凉风，晴空飘来白云，又似看到波涛汹涌的大海，那个美啊，令人神往。人与自然也融为了一体！

有些歌曲让胸中闷气得以抒发，从而情绪饱满地投身到学习生活中去，如"让我们生活充满阳光……"

音乐让生活更美好，态度一端正，学习顿时不那么枯燥乏味，有个学生写道：我喜欢静静地坐在窗前，外面春风和煦，"迎面吹来温暖的风"，或"在春风里，我们慢慢长大……"

有的音乐可以让我们平静心态，有的音乐又可以使我坚定自己的信念，如在遇挫折时的激励，"人生的路，总有多少不平事……"

有抒发情感，直抒胸臆的，如"一见你就笑，你那翩翩风姿太美了……"

有抒发个人梦想，自己奋斗目标的，如"最想要去的地方，怎能在半路返航……"

有关于团结，人生哲理的歌，如"一支竹篙难渡汪洋海……十双筷子牢牢抱成团……"

音乐的表现力练习，首先是发声练习，使孩子的嗓音雄浑有力，这是早期锻炼的重要目的。音乐是生活的一部分，即便不让孩子当歌唱家，但会歌唱，便看到生活中美好的一面。

音乐本身就是生活，生活也就是音乐。音乐可以净化人的心灵，沉浸于音乐世界的人心胸往往比较开阔，情感比较细腻，情绪比较平稳，更能体会别人的心情，因此比较容易与人相处。音乐让我们更加坚强，变得成熟，让我们的生活更加美好。

音乐是人生命的一部分，人在音乐中成长。当疲惫、失望或厌倦的时候，音乐会将你的心灵从喧嚣和冗杂之中带出，带到一片净土，使你那烦躁的心平静下来。音乐是你开心时的朋友，也是你失意时的伙伴，可以为我们解除生活中的疲劳。

温柔动听、优雅婉转的音乐是那样令人心旷神怡，给人一种静静的美感。当你心烦意乱时，音乐可以成为你的好伙伴，成为你心灵的安抚者。音乐能驱赶寂寞，偶尔听一些优美的乐声，让你生活充实。世界上有许多美妙的声音无时无刻萦绕着我们，成为我们精神生活不可缺少的一部分。

音乐使人坚强，催人奋进。为了孩子，我们选择那些健康的、积极向上的音乐供他学习与欣赏。考场失意时，听一下歌，或者还能从欢快的歌声中体味人生的豁达。音乐如同为人生着色的画笔，使我们成为绚丽的图画。激昂的音乐不时地拨动着人们的心弦，振奋人们的神经；舒缓的音乐使人身心放松，让人们静静地享受着这独有的天籁，达到忘我的境界，使人百听不疲，百唱不厌，于是一些音乐被称为流行音乐。

为孩子的成长，那就及早学习音乐吧，即便没有音乐细胞，没有夜莺般婉转的歌喉，只要自己快乐，自己感动就行了。

学习过程的前松后紧，应使家长提前布局；发育的用进废退，也使家长或教师进行提前培养。若缺乏早期锻炼，可能使孩子永远没有机会成为歌唱家了，不要紧，只要参与就行！即便错过了最佳锻炼期又有什么关系呢？能欣赏，感受快乐也就够了，为调节好我们的心情，现在练也不迟。

附：自创歌词两首

　　第一首歌：大意是，我们来唱歌，因为歌声太美了，歌声传到空中，白云听了也驻足。在春天唱歌，花儿听了竞相开放，飘香万里。歌声飘向河边，溪流听了也停止了鸣唱。歌声被那些勤劳的人听了都要歇歇脚，那匆匆过客听了都停下了脚步；庄稼听到歌声也欢呼，姑娘听了也来应和。

<h2 style="text-align:center">一　我们为你唱支歌</h2>

　　我们为你唱支歌

　　唱支嘹亮的歌

　　歌声冲到长空里

　　白云啊，听了也驻足

　　我们为你唱支歌

　　唱支春天的歌

　　歌声落到花丛里

　　飘香满天涯

　　我们为你唱支歌

　　唱支山间的歌

　　歌声荡漾在山谷里

　　奔腾的河流听了也沉寂

　　我们为你唱支歌

　　唱支劳动的歌

　　歌声献给辛勤的人们

劳作者听了擦擦汗
匆匆行人听了也驻足

我们为你唱支歌
唱支丰收的歌
歌声飘荡在田野里
金色的庄稼翻波浪
姑娘听了和歌声
我们为你唱支歌　唱支歌……

第二首歌：**窗前飘来读书声**

大意是春天来了，万物复苏，一片美好，可我们的少年无暇欣赏，还要埋头读书。在夏天，窗外美景正艳，繁花似锦，我们的少年仍无暇顾及，要埋头苦读。秋天是丰收的季节，美丽的季节，少年仍在勤奋苦读。到了冬天，窗外白雪飘飘，银装素裹，我们的少年仍然无暇欣赏白雪美景，埋头苦读。

窗前飘来读书声

春天里来百花开
（少年）沐浴着春风上学堂
绿叶攀上新枝头
杨柳青青惹人怜
暖风熏得人陶醉
莫负好时光
窗外传来读书声

夏季到来绿意浓

百鸟齐唱蝴蝶舞翩翩

这边风景无限好

令人陶醉，令人抓狂

窗外传来读书声

秋季到来丰收景

正是男儿上学时

百果飘香金秋色

丰收的歌声四处飘扬

窗前传来读书声

冬季到来雪茫茫

正是少年读书忙

无边飞雪萧萧落

千树万树梨花开

银装岁月不知寒

窗前飘来读书声

足球情深

一、学业负担

我们常说中国孩子的竞争压力大，学业负担重，这是不言自明的。一般说来，我们的孩子用在学习功课上的时间是非常多的，与国外比较一下，就会发现欧美国家的孩子在校学习时间非常短，每天四五个小时的样子，而且没有双休日的补课与自习，也没有学校组织的晚自习，那么问题来了：这么短的学习时间能保证孩子的学习质量吗？假如我们的孩子也处在那样的环境下，功课能否跟得上？能学些什么？你也许会说，孩子在家也需要学习，需要自律，但绝对没有中国孩子下的功夫多，我们的孩子用在学习文化课上的时间实在太多了！与世界上其他国家比较一下就知道了，以下是世界上部分国家的学习情况：

▲美国的公立小学，每天早上 8:30 上学，下午 3:00 放学。放学后，家长一般送孩子到各种培训班，如游泳班、网球班。

美国小学生每天 8 时 45 分到校，15 时 15 分离校。除了中午有一个小时午餐，上午的课都没有明确的课时，也就是没有 45 分钟一节课的规定。老师会调换上课内容以维持学生的学习兴趣。在上课时，如学生要上厕所，可随时举手示意，获准后即可前往方便。没有统一的"方便"时间。中学生也是早上 8 时 45 分上学，15 时 15 分放学。1.5 小时的课三节，1 小时的课一节，总共是 5.5 小时的课。中午有一小时吃饭时间。

　　▲英国中小学生一般是上午 9 时左右到校，15 点 30 分左右离校。高年级和低年级稍有差别，但相差在半小时之内。有一条是统一规定的，所有中小学必须在 17 时前净园。同时还明文规定儿童每天学习不得超过 6 个小时。

　　另外，英国的教师资源长期严重缺乏。中小学教师很多是从北爱尔兰等远地而来，他们每天上完课还要回家，因此学校必须早放学，才可以使这些教师从容赶路。而且，他们的工资是按课时计算的，通常学校不允许他们随便加班。

　　▲巴基斯坦学校 8 时上课，13 时放学，下午就没有课了。作业几乎没有。家境好一点的家庭都用车接送孩子，但开车的多是家里的司机。条件不好的家庭就让孩子坐校车上下学。

　　▲德国小学生早上 8 时开始上课，每天低年级只上 4 个小时的课，高年级最多上 6 个小时，最迟 13 时 20 分放学。德国的学校一直教育学生要独立，要求学生自己上学，但许多妈妈还是送孩子到校。

　　▲墨西哥中小学生都是 8 时上课，14 时放学。上午 10 时 30 分是加餐时间，公立学校有政府免费提供的牛奶和小点心，私立学校则由学生自带。另外，公立学校分上午班和下午班，每节课 40 分钟，一天共 6 节课。私立学校有校车专门接送孩子。公立学校离家远的学生由家长接送。

　　中国孩子就不必多说了，总体上课业负担重，学习时间长，体育活动时间少，这个具有普遍性。

　　由此看来，过多的课业负担，使我们孩子的活动量减少，即便身体是健康的，但还没有足够强壮，没有那么结实，还缺乏足够的耐力。

青少年的早期锻炼对体质的发展至关重要，只可惜孩子做得还远远不够！由此看来，课业负担重，活动时间少是体质相对弱的主要原因，但最要命的是，在孩童长身体的时候进行了过多的学习，这个成长还不是匀速发展的，而是逐步减慢乃至停止的。

营养是长身体的第一要素。随着经济的发展，中国学生身高越来越高已经明显显现出来，等到生存压力降低了，体质越来越强的时候，我们的足球事业离夺冠也就不远了。

有了条件，并意识到问题的时候，我们的孩子大都错过了体质发展的最佳年龄，先天不足已经铸就，此时违背自然规律的期望与训练，也起不到很大作用了。什么时候在小学阶段甚至更早就注重发展体质的时候，我们孩子的身体素质真正提升上来的时候，离足球强国也就不远了。有人也许就问了，打乒乓球中国一点儿也不差，这又做何解释？这就涉及另一个问题。

二、群体性活动

足球（篮球也是如此）是一个群体性活动，并非某个孩子想练就可以练的。在幼小的时候，很难形成规模效应，而缺少配合的训练，确实难以培养出类拔萃的悍将。但练习乒乓球就不一样了，只需一个陪练，一个教师就行了。

一种观点由此而生：这不是遗传，也不是民族素质，不过是一项体育赛事而已，并不代表整体的素质，但认识到不足并加以改进，终归有一天要赶上来的。即便不易赶超又有什么关系呢？天还是那个天，地还是那个地，何须狂热？又何须悲悯？

作为教师，不管现状如何，对学生的热情还是要加以鼓励的——至少奋斗了、尝试了。不管是迎着风，还是下着雪，都要争当足球小子，这就是希望。我们需要的不仅仅是第一，还有拼搏的精神和顽强的意志！

古人有"不谋万世者,不足谋一时"的说法，今人又有"只争朝夕"的说法，不管哪种情况，我们的教育与期待都应当符合人的成长规律。能认识到自己的不足就是巨大成绩，孩子的体质迟早会赶上来的，争创一流只是时间问题。

后 记

由于网络的发展，人们越来越喜欢在网上发表观点、探讨教育教学问题，读书的人似乎不那么多了——为了不占用别人宝贵的时间，所以就抱着十分慎重的态度出版了这本书。

教育科学发展到现在，许多人对此进行了研究与探讨，为不重复别人走过的路，本人本着创新与实用的原则，对高考及教育教学中遇到的，对人成长过程中所遇到的典型问题加以探讨，因而显得既缺乏根基，又缺乏系统，有些支离破碎。如同教育一个学生，他是经过若干年的学习、成长才来到我这里，早期的许多问题不必再去探讨，为了让他少走弯路，本人仅针对典型问题进行探讨，这就是我的初衷——不再唠唠叨叨，尽量说些他需要的，这是我的宗旨。

在写这本书的同时，由于实践的原因，也是探索个人喜好，本人很久之前就对眼睛的健康问题进行了研究，并获得突破。因为这是一个更为新颖的课题，好在已获得突破，并完善起来，并取得了如下成果：

1997 年获专利"近视型双光眼镜"

2010 年出版《近视眼防治理念》(中国石油大学出版社)

2014 年出版《视力的革命》(中国石油大学出版社)

这是我个人奋斗的主要成果。我的读者，您如果没有见过这两本书的话，你肯定不了解其原理及技术的，一点也不奇怪，因为这是能给患者带来实惠的独创技术，也不是靠自我表扬就可下定论的。其价值如何，让后人去评论吧。